أرض المشاعر

دار حروف منثورة للنشر والتوزيع

الطبعة الأولى

الكتاب: أرض المشاعر

المؤلف: معاذ شيباني

تصنيف الكتاب: قصص

تصميم الغلاف: فريق الدار

تنسيق داخلي: فريق الدار

مراجعة لغوية: عبد المعز صفوت

رقم الإيداع: 2022/1529م

الترقيم الدولي: 978-9-0900-4029-5

مؤسس الدار

مروان محمد

Website: https://horofpdf.wixsite.com/ebook

Fan page: http://facebook.com/herufmansoura

Email: herufmansoura2011@gmail.com

هاتف جوال: 00201113006296 – هاتف جوال: 00201064054995

قصص

أرضُ المشاعر

معاذ شيباني

الفهرس

يُولدُ الحرفُ حينما تصبح الحياة جرحًا، وتصبح النقاط دمعًا، والأيام تغدو مؤقتًا للنهاية، يولد الحرف ليؤرخ جميع لحظات بؤسنا وليعيش يتيمًا آلاف السنين ثم يُصلب بعد اتهامه بالخيانة.

أرضُ المشاعر

ها قد وصلتُ أخيرًا.. لكن إلى أين؟!

هل أنا داخل الزمان أم خارجه؟!

أشعر أنِّي ضعيف، ضعيفٌ جدًا وعاجزٌ عن الحركة، أشعر بصداعٍ رهيبٍ لا أعلم من أين مصدره، أسمع أصواتًا كثيرةً من حولي لكني لا أستطيع رؤية أيَّ شيءٍ بسبب ظلمة المكان الشديدة، هناك جدارٌ ما يحيط بي، هل أنا في سجن؟!

ربما..

لكنهم عندما أرسلوني أخبروني أنني سأكون إنسانًا حرًّا، أملك حرية الإرادة وحرية القرار، ولا يبدو أنني كذلك الآن!

لقد أخبروني أنني هنا أستطيع أن أعزف الموسيقا وأن أرقص وأن أشعر بالحب، لكن كيف يمكنني فعل كل ذلك وأنا مقيدٌ هكذا؟!

لا بد أنهم كانوا يسخرون مني حينما قالوا لي ذلك الكلام، وحينما أقنعوني أن أخوض غمار هذه التجربة، لقد قطعت ملايين السنين الضوئية وتنقلت من نجمٍ إلى آخر بحثًا عن أرض المشاعر، وهأنذا أجد نفسي عالقًا في هذا المكان البائس دون حولٍ مني ولا قوة؛ لكن مهلًا، كيف يمكنني العودة إليهم؟ إنهم لم يخبروني بذلك! يا إلهي، هل سأبقى عالقًا هنا إلى الأبد؟!

لا، لابد من وجود مخرج ما وعليَّ أن أجده، لكنني الآن مرهقٌ، مرهق جدًا ولا أستطيع التقدم خطوةً واحدة، سأغفو قليلًا لأرتاح من عناء تلك الرحلة الشاقة لعلي أستعيد بعض طاقتي التي فقدتها.

لكن ما كل هذا الصراخ؟! مَن هم هؤلاء الذين يصرخون؟ هل هم عالقون هنا مثلي؟ أم أنَّ هذا هو عالمهم الذي يعيشون فيه؟ يا له من مكانٍ مزعج هذا الذي أتيت إليه، لا بد أن اسمه (عالم

الصراخ)، فلا اسم يليق به أكثر من هذا، أو لربما هو عالم الظلام الذي لايوجد أي نور يهتدي إليه ولا حياة للألوان فيه، فوحده الأسود هو الذي ينتشر هنا كعباءةٍ يرتديها الظلام ولا يخلعها أبدًا، كل ما أخشاه هو أن أكون قد ضللت طريقي ونزلت في أرض الشياطين.

الأيام هنا تمضي كئيبةً، وهذه الجدران تضيق بي حتى بدأت أشعر أنَّ لحظة انطباقها عليَّ ليست بعيدة، ولكن -ولأكون صريحًا- رغم كل معاناتي إلا أنني قد بدأت أعتاد على وجودي هنا، مَن كان يصدق أنَّ الأرواح المخلوقة من النور يمكنها أن تعشق الظلام! نعم، لست نادمًا أبدًا على قراري، ولو عاد بي الزمان إلى تلك اللحظة التي خُيرت فيها بين أن أبقى حيث كنتُ أو أن أخوض غمار هذه التجربة، لاخترت خوض التجربة مرةً أخرى دون تردد.

لماذا؟ لا أدري! ولا أعلم ما الذي شدني وجعلني أتعلق بهذه الجدران رغم قساوتها! في داخلي أشياءٌ تتصارع فيما بينها وتجعلني أشعر بشيءٍ من اللذة، وهذا مالم يحصل لي طوال المليون سنة الماضية، لابد أنَّ هذه هي المشاعر التي كنا نسمع عنها والتي تتمنى كل روحٍ في أرض الأرواح أن تحصل عليها وتجرِّبها وتشعر بلذتها.

تلك الأصوات التي كانت تزعجني أصبحتُ أستأنس بسماعها، وعندما تختفي أشعر بالوحدة تتسرب لداخلي فأبدأ بالحركة يمينًا وشمالًا مراتٍ ومرات حتى أسمع ذلك الصوت الملائكي الذي يكلمني دائمًا، نعم يكلمني أنا، وقد أطلق عليَّ اسم (بنيَّ)، فدائما عندما أتحرك يقول لي:

"اهدأ بنيَّ"

وعندما أشعر بالألم في منتصف جسدي الصغير يقول لي:

"اصبر بنيَّ فلم نجد طعامًا اليوم"

وعندما أسمع أصوات الانفجارات كتلك التي كنت أسمعها عندما تتفجر النجوم ويبدأ هذا المكان الذي أنا فيه يهتز بقوة، وأسمع ذلك الصوت الملائكي يلهث ويئن من البكاء، عندها يتملكني الخوف الشديد وينتابني الفزع.

والذي يحيرني فعلًا هو أنني لست خائفًا على نفسي فقط، بل أنني أيضًا خائفٌ من أن يصيب ذلك الصوت أيَّ مكروه.

يا للعجب!

في بلاد الأرواح لم يكن أحد يكترث لأحد، فهناك لا خطر يهددنا ولا حاجة لنا لأن نأكل أو أن نشرب أو أن ننام أو أن نخاف أو أن نحب، حياتنا عبارة عن خواء لا بداية ولا نهاية ولا معنى لها؛ أما هنا فكل شيءٍ مختلف، وحياة الفرد مرتبطة بحياة الآخرين بروابط خفية تسمى المشاعر، تتدفق داخلنا كنهرٍ صافٍ لتبني منظومةً متكاملة من الأحاسيس المعقدة التي توصلنا لنشوة الشعور باللذة، فالشعور بالألم لذةٌ ولشعور الحزن لذةٌ ولشعور الفرح لذة تجعل كل آلامي وخسائري الفادحة لاشيء أمام العيش في نشوتها للحظةٍ واحدة، أستيقظ في منتصف الليل أبكي، ألتف على نفسي وأنادي الموت ليخلصني من عذاباتي، وبعد لحظاتٍ أبتسم ثم أضحك كالمجنون بلا سبب، ثم أهدأ وأعود لأكمل نومي.

هكذا هي المشاعر بسيطة وعفوية ومتشعبة كأشعة الشمس التي تنعكس على كل شيءٍ مظلم فتضيئه ثم تختفي دون أن تترك خلفها أي أثر، حرةً، طليقة، متمردة، لا تلتزم بأية قوانين ولا تخضع لأحد، بعضها هادئ جدًا لدرجةٍ تجعلك تشك بوجودها، وبعضها كالعواصف العظيمة التي إذا بدأت فإنها لا تنتهي قبل أن تجتاح كل شيءٍ حولها، وبعضها حيادي بين التعقل والجنون، وهناك مئات الأنواع من المشاعر التي تعيش بداخل كل شخص هنا والتي يمكن أن نختصرها باسمين فقط، (الحب) و(الكراهية)، وما بينهما يوجد

خيط رفيع جدًا مهمته خلق التوازن بين الخطأ والصواب، ولا بد لنا من ترجيح كفة الصواب حتى تعيش النفس في سلامٍ واطمئنان. اسمع صوتًا آخر يكلمني أحيانا، وقد أطلق عليَّ اسم (أخي)، ومنه عرفت أن اسم صاحب الصوت الملائكي هو (أمي)، فدائمًا ما يكلمها ليطمئن عنها وعني، وقد عرفت من خلال أحاديثهما معًا أن اسمه (سائر) وأنهما يعيشان في رعبٍ دائم لأن هناك من يحاول أذيتهما كل يوم، وأن أصوات الانفجارات تلك هي نتيجة صواريخ تطلقها الطائرات فتدمر كل شيء أمامها، وأن هناك شخصًا يدعى (أبي) يعيش منذ ثمانية أشهر في مكانٍ سيءٍ يسمى (معتقل) ولا أحد يعرف مكانه حتى الآن، وأنَّ هناك أطفالًا يعانون من المجاعات، وأسرى يعذبون، و نساءً تغتصب، وأوطانًا تُدمَّر.

وعرفت كيف يكون الشعور بالبرد والحر والمرض، لقد عرفت أمورًا كثيرة وأسماء كثيرة حتى باتت العزلة في هذا المكان المظلم أفضل لي بكثير من الخروج منه، لقد أصبحت متأكدًا أنَّ جميع هؤلاء الذين يعيشون هنا قادمون من أرض الأرواح مثلي تمامًا، جميعهم جاؤوا هنا ليشعروا بلذة الحب والفرح والحزن والألم، لكن بعضهم قد سيطرت عليه مشاعر الحقد والحسد والكراهية وألقت عليهم لعنتها فجعلتهم يقتلون الآخرين من أجل أن يسيطروا على هذه الأرض دون أن يشاركهم بها أحد.

ولكن كيف حصل هذا؟!

ففي أرض الأرواح الجميع كانوا متشابهين، جميعهم كانوا مسالمين، فهل هذه الأرض هي التي غيرتهم؟ أم أنها فقط كشفت مكنوناتهم على حقيقتها؟

أم أنَّ الحرب الحقيقية كانت منذ الأزل بين المشاعر ذاتها وأن من يأتي إلى هنا يجبر على القتال بأحد صفوفها؟

كل ما يجري حولنا يسخر مما يجب أن تكون عليه هذه الأرض التي يحلم الجميع بالمجيء إليها والعيش فيها.. كل شيء هنا يلفه

الغموض، والغد هو المجهول الذي يخاف الجميع من مجيئه رغم أنه آتٍ لامحالة.

علاقة ارتباطٍ قوية نشأت بيني وبين (سائر) لدرجة أنني أصبحت أشعر أنني جزءٌ منه وأنه جزءٌ مني، أغضب لغضبه، أحزن لحزنه، أفرح لفرحه، ولا أشعر بالأمان إلا عند سماع صوته، وحينما يبتعد ويغيب لعدة أيامٍ أشعر بالكآبة تتسرب إلى قلبي، فأبتهل إلى الله بالدعاء ليعود لنا سالمًا من أي مكروه.

كيف لا وهو عيناي التي أرى من خلالهما كل شيء خارج هذا السجن المظلم؟.

كيف لا، وهو يحرم نفسه من النوم والراحة ليحمينا، ويعرّض حياته للخطر يوميًا من أجل أن يجلب لنا شيئًا نأكله؟!

كيف لا، وهو السند والذخر والصديق، ولولا وجوده لكان طعم الحياة هنا أكثر مرارًا وقسوة؟. الأخوة هي لغز آخر من ألغاز الحياة على هذه الأرض الغامضة.

يا إلهي! لو أنني اخترت البقاء في مكاني فكيف كنت سأعرف كل هذه المشاعر؟! لو أنني لم آت إلى هنا لكانت خسارتي لا تعوَّض، فألف حياةٍ أبدية لا تساوي شيئًا أمام عيش لحظةٍ واحدة من هذه المشاعر.

نبيل أنت يا (سائر)، فرغم كل ما تعانيه إلا أنك لا تتردد في إنقاذ الناس من تحت الركام الذي تخلفه صواريخ الدمار، وتضطر للعمل ليلًا ونهارًا دون توقف من أجل إنقاذ أكبر عدد من الأرواح، أُصبتَ مراتٍ عديدة لكنك سرعان ماكنت تعود للعمل فور تماثلك للشفاء بل وحتى قبل ذلك، أنت التجسد الحقيقي لمشاعر الإيثار والتضحية، ورغم انتشار البؤس إلا أنَّ ضحكتك كلما أنقذت أحدًا ما تزرع في قلوبنا الأمل من جديد، فيفرد الحب أجنحته لتظلل جميع القلوب المنكسرة؛ أما مشاعر الأمان فتحاول جاهدةً هزيمة الخوف لكن محاولاتها دائمًا تبوء بالفشل.

قصفٌ جنوني يجتاح المنطقة، الأبنية انهارت وداهمنا الغبار من كل ركن و زاوية، وتصاعدت وتيرة الرعب، والأنفاس وصلت إلى الحناجر، الناس يركضون في كل الاتجاهات بحثًا عن مأوى يحميهم من الموت المحيط بهم لكن إلى أين؟! أين ينبغي لهم الاختباء من الأمطار الحديدية القاتلة؟!

رغم كل هذا العذاب وهذا الألم ترفض الأرواح التخلي عن حياتها في هذه الارض الملعونة، وتفضل البقاء هنا على الرحيل للحياة الأبدية، ألهذه الدرجة المشاعر غالية! أم أنَّ الموت مرعبٌ لدرجة تجعل الجميع يحاولون الفرار منه؟!

إحساسٌ مخيف ومقلَق، اسمع صراخ الأطفال وأشعر برائحة العفن تتسرب وتعشش في رئتي فأعلم أننا حوصرنا في القبو البائس من جديد، الخوف والرجاء والترقب ولحظات تمتزج فيها كل المشاعر وتتصارع.

الأصوات احتبست والوجوه احتقنت والألسنة تلهج بالدعاء، لكن ما كان لها أن تبدل في الأمر شيئًا.

الجوع الشديد عاد ليبتزنا مرةً أخرى، وغياب (سائر) طال هذه المرة دون أن نسمع عنه أي خبر؛ فهنا لا يسمع المرء سوى أنين الأطفال، استغاثات الجرحى، الانفجارات المتكررة، وفجأة يتوقف كل شيءٍ ويعم صمتٌ مرعبٌ وقاتل.

غادرت الطائرات تاركةً الناس بين قتيلٍ وجريح ومكلوم، هدأت الأجواء قليلًا ثم سمعت أصوات الرجال تنادي على النساء لتخرجن من القبر الجماعي.

ارتدَّت الأنفاس إلى الأجساد المنهارة وأخذت تلملم انكساراتها وتضمد جراحها، و بدأت الجموع تندفع خارجًا تبحث عن هواءٍ نظيف تتنفسه، ويمكنني أن أتخيل الأجساد الهزيلة والرؤوس التي غزاها الشيب والعيون الجاحظة والملابس الرثة المغطاة بغبار الركام، جميعها تخرج من القبر كأنها بُعثت من الموت وانتشرت

كما ينتشر الجراد، ومع الجموع خرجت أمي، وسمعتها تصرخ باسم (سائر) ثم تركض وهي تبكي؛ فعرفت أنها رأته مضرجًا بدمائه، جثت على ركبتيها أمامه وهو يحتضر وأخذت تكلمه بصوتها المحشرج بالبكاء:

"ولدي (سائر)، انهض أرجوك، لا تمت فنحن بحاجةٍ إليك، أيها الموت فلتأخذني أنا بدلًا عنه، اتركه فهو لم يكمل عامه العشرين بعد، (سائر) لا تتركني وحدي يا بني فأنا لم يعد لي غيرك في هذه الدنيا !".

ولكنه في تلك اللحظات لم يكن يسمعها فقد كانت حواسه عالقةً بين عالمين، وقد سمعته يتمتم ويقول:

" أخيرًا، أخيرًا فتحت البوابة إلى أرض الأرواح وأصبح بإمكاني العودة من جديد!".

ثم شعرت بيده تلمس جدار السجن الذي أنا فيه ويقول لي:

"الآن حان دورك، اعتنِ بأمنا جيدًا يا أخي".

وفي تلك اللحظة علت صرخةٌ مدوية وصلت لعنان السماء، تخبر الجميع بألم الأم المفجوعة بفقدان ولدها الذي اغتالته الحرب كما اغتالت آلاف الشباب غيره، عندها ولأول مرة نسيت كل شيءٍ وشعرت بعواصف الحزن تجتاحني وبأنَّ قلبي ممتلىء لدرجة الانفجار، وأني أريد أن أصرخ صرخةً يصل صداها إلى أرض الأرواح، أقسم فيها لأخي بأنني سأنتقم له ممن جعلوه يتألم، وسأدمر مشاعر الكراهية تلك التي عذبته، وسأقتل كل من يحملها، سألعن الحياة البائسة في هذه الأرض الملعونة التي تقتل السعادة داخل الأرواح ثم تطردها مهزومةً ومحطمة ومنكسرة.

شعرت بالدماء تغلي وتتدفق في عروقي وبأنَّ بركان غضب في صدري سينفجر، فأخذت أضرب جدران السجن من حولي محاولًا تحطيمها، وشعرت بتزلزل الأرض من تحتي وتشققها وبدأ شعاع من نورٍ يقتحم المكان فشعرت بأني سأختنق إن لم أصرخ بتلك

الحروف العالقة في حنجرتي، فدفعت نفسي بكل قوتي محاولًا الخروج وصرخت:
" أخيييي!".
في تلك اللحظة علا صراخ الأم الممددة بجانب جثة ولدها واختلطت دماء الموت بدماء الولادة، والصراخ يزداد كلما ازداد الألم..
اجتمعت النسوة حولها ليساعدنها ويخففن عنها، فقد حان الوقت لقدوم ذلك الطفل الذي تحمله في أحشائها منذ تسعة أشهر.
القلوب تخفق والعيون تتربص، ومضى خمس عشرة دقيقة على هذا الحال ثم توقف كل شيء وخيم الصمت للحظات بعدها سُمع صوتٌ جديد يصدح بالبكاء، هذا الصوت الذي عاش مأساة الحرب قبل أن يولد وسمع آلام الناس قبل أن يراها، والآن سوف يرى ويعيش تلك الآلام بنفسه في هذا العالم الذي يبنيه الناس مراتٍ ومرات ثم يدمرونه في كل مرة، يالسخرية القدر، من كان يصدق أنَّ كل هذا يجري في هذه الأرض التي هي ليست إلا نقطةٌ صغيرة في هذا الكون الواسع الفسيح؟! لا أحد.
فوق الأرض بين حطام المنازل المدمرة ترى الأرواح الصاعدة أسفل منها أم تودع ولدها بقبلة، وتستقبل طفلها الجديد بقبلة، تلف ولدها بقماشٍ أبيض لتدفنه، و تلف طفلها بقماش أبيض لتدفئه وفي قلبها اجتمعت مشاعر اليأس والأمل لتصنع مزيجًا من مشاعر لا يمكن لأحد وصفها أو الشعور بها غيرها هي، و لتنتهي حكاية وتبدأ حكاية..
وما بين الحكايات تختبر الأرواح مكنوناتها وتعيش كل روح تجربتها الخاصة في أرض المشاعر.

قد لا نستطيع اليوم إصلاح شيءٍ؛ لكن يمكننا أن نهيئ الظروف للأجيال القادمة ليصلحوا ما أفسدناه وآباؤنا..

الاحترام

هل هو كلُّ شيءٍ؟

لا أدري..

وللبحث عن إجابةٍ لهذا السؤال فلا بد لي من الدخول مجددًا لدوامة أحزاني التي لا تنتهي، فهناك فقط، في داخلي، حيث الاسئلة كالكواكب تدور وتدور إلى ما لا نهاية تبحث عن مستقرٍ لها ولا تجد فتبقى تائهةً في بحور الظلمات.

الاحترام..

قد تبدو هذه مجرد كلمةٍ بالنسبة للكثيرين، لكن الحقيقة هي أنَّ الكون كله قائمٌ على هذه الكلمة.. فإذا انعدم الاحترام انتهت الحياة، وتحولت هذه الأرض إلى كوكبٍ ملتهب أو كرة من جليد.. فالاحترام لا يتعلق بعلاقة الإنسان بالإنسان فقط بل هو أكثر من ذلك بكثير..

الشمس تحترم موعد شروقها وغروبها والكواكب تحترم ترتيبها ولا يحاول أي كوكبٍ تجاوز الكواكب الأخرى.. الفصول تحترم مواقيت مجيئها ورحيلها.. والبحر يحترم حدوده.. حتى الحيوانات لها قانون تحترمه فلا يقتل أي حيوانٍ حيوانًا آخر إلا عندما يضطر فقط، ولكم أن تتخيلوا لو أنَّ أحد هذه الأسماء التي ذكرتها تمرد ولم يعد يحترم قوانين هذا الكون، فكم سيبقى الإنسان على قيد الحياة؟

عندما تتأملون هذا الكون ستكتشفون أنَّ جميع هذه المخلوقات مرتبطة ببعضها البعض.. وأنه إذا انقرض حيوانٌ ما فإن جميع الكائنات حوله ستتأثر باختفائه.. لو أن الطيور قررت عدم أكل الحشرات فسوف تسيطر الحشرات على هذه الأرض.. لو أن أحد

الكواكب قرر الخروج عن مساره الأزلي فإن ميزان الكواكب الأخرى سيختل للأبد.. .

لو أن الشمس قررت الرحيل أو الانطفاء فإنَّ الكواكب ستصبح كتلًا جليدية تسبح في الفضاء.. .

وحده الإنسان من ليس لوجوده معنى في هذه الحياة.. وحده الإنسان من يختل ميزان الطبيعة لوجوده ويصبح أفضل إذا رحل عنه للأبد.

واذا سألنا أنفسنا ماهي منجزات الإنسان فماذا سيكون الجواب؟

قطع الأشجار!

قتل الحيوانات من أجل فرائها وأنيابها!

بناء المصانع التي تلوث الهواء!

رمي المواد الكيماوية في البحار دون الاكتراث لحياة الكائنات البحرية!

تفجير الأرض للبحث عن الذهب!

اختراع الفيروسات الخطيرة!

قتل بعضهم بعضًا!

سرقة بعضهم بعضًا!

خيانة بعضهم بعضًا!

ظلم بعضهم بعضًا!

والقائمة طويلة. ...

لذا إذا سألنا الأرض والمخلوقات التي تعيش عليها (هل تفضلون بقاء الإنسان أم رحيله؟) فماذا سيكون الجواب؟

ولكم أن تتخيلوا لو أن الإنسان اختفى من هذه الدنيا فكم ستصبح هذه الأرض جميلة!

لكن هناك سؤالٌ آخر يجب أن نسأله لأنفسنا أيضًا.. .

لماذا يفعل الإنسان كل هذه الأمور السيئة؟!

قد يجول بخاطركم الآن العديد من الإجابات وجميعكم على حق،

لكن هناك سببًا رئيسيًا لكل تلك الأفعال، وهو أنَّ الإنسان لم يفهم بعد أن هذا الكون كله قائم على الاحترام. .
لم يفهم الإنسان بعد أنه يجب عليه احترام قانون الطبيعة، فلا يقتل الحيوانات من أجل المال، و قبل أن يقطع شجرةً يجب عليه أن يغرس غيرها.. وأن الزهور خُلقت لنتمتع بجمالها وليس لقطفها ثم رميها في سلة المهملات.. .
لم يفهم الإنسان بعد أنه لكي يعيش فهو بحاجةٍ إلى هواءٍ نظيف وماء نظيف وأرض خصبة، أما الذهب فهو مجرد زينة ولا فائدة منه غير ذلك.. وأنَّ جبلًا من ذهب لن يستطيع إرواء ظمئه إذا اختفى الماء أو إيقاف جوعه إذا اختفى الطعام، أو شفائه إذا فتك به مرضٌ خطير أو إبقائه على قيد الحياة إذا جاءه الموت.. .
وللأسف رغم أنَّ كل شيءٍ من حولنا قد تغير، ورغم كل هذا التطور والتقدم إلا أنَّ الإنسان مازال هو الإنسان، بل إنه ازداد توحشًا وهمجية.
مازال الغني يحاول استعباد الفقير، والقوي يحاول السيطرة على الضعيف، ومازال ذاك الصراع الأبدي الذي لا ينتهي.
فعندما نرى المريض يوضع في السجن بدل المشفى، ونرى المرأة تقطع البحار مخاطرةً بحياتها لطلب المساعدة ثم يتم طردها، ونرى العجوز واقفة تتأرجح في الباص لأنَّ الصبية حجزوا جميع المقاعد ولم يعطها أحدٌ مكانه فتحاول طوال الطريق التمسك جيدًا حتى لا تقع، ونرى موظفًا يكذب رغم أنه يعيش في بلادٍ حرة، ونرى كيف يتم الحكم على الإنسان بسبب دينه أو لونه أو عرقه أو لغته، ونرى رجال الدين يكذبون ويخبرون الناس بأنَّ الطريق إلى الله مليءٌ بالدماء، عندها نوقن أنَّ الإنسان مازال بحاجةٍ إلى آلاف السنين ليتعلم احترام الحياة، وربما لن يتعلم أبدًا!
كم هو صعب أن تفقد احترامك لنفسك، حينها تشعر بأنك لا تستحق هذه الروح التي بداخلك، وكم هو صعب أن تشعر أنك خذلت من

هم بحاجة إليك في أصعب أوقاتهم فلا تستطيع مسامحة نفسك، ولعل تلك الكوابيس المخيفة التي تأتيني كل ليلةٍ عن الحرب والمعتقلات ما هي إلا رسالةٌ من تلك الأرواح البريئة التي تخليت عنها يومًا ما حينما غادرت وطني.

ربما تريد أن تخبرني عن مدى الرعب والعذاب الذي تعرضت له.. ربما تريد معاقبتي طيلة أيام حياتي.. أو ربما تريدني أن أخبر العالم عنها وعن الذين مازالوا يعانون في جحيم المعتقلات حتى الآن.. أو تريدني أن أستجمع قوتي وطاقتي وأعود لأنتقم لها. لا أعلم!

كل ما أعلمه هو أنَّ وجودي في هذه الحياة ليس صدفةً، وأن بقائي حيًا ليس صدفة، وأن تحول كل تلك الأحزان في قلبي إلى حروفٍ وكلمات ليس صدفة، وأن كل ذلك الصراخ بداخلي الذي يقول لي "انهض"!

لابد أن يكون وراءه سبب ما، ولكي أكتشف ذلك السبب فلابد لي من أن أتصالح مع ذاتي أولًا.. يجب أن أحترم تلك الكوابيس المرعبة وتلك الأحزان وذلك الصراخ الذي يحاول إيقاظي كل يوم وإخباري بأنه مازال هناك فرصة لإنقاذ ماتبقى من ضحايا هذه الحروب الملعونة، وأهم من ذلك كله هو أن أحترم الله الذي يحميني دائمًا ويرسل لي الأشخاص الطيبين أينما ذهبت.

لقد تعلمت في غربتي أشياء كثيرة. .

تعلمت أنه لا مفر من الموت أينما كنَّا، وأن مصير كل روحٍ أن تغادر الجسد، بعض الناس يموت ظالمًا، وبعضهم يموت مظلومًا، ولا بد من أن يكون بعد الموت محاكمةٌ عادلة يعاقب فيها الظالمون على ظلمهم ويسترد فيها المظلومون حقوقهم.

وأن أكثر مايخيفني هو أن يعاقبني الله لأنني كنت آكل الطعام بينما الأطفال في سوريا يموتون جوعًا، وأعيش في منزل دافئ بينما آلاف العائلات لا تجد مأوى لها يحميها من البرد والثلج، وكم

يخيفني أن يكون مكاني مع الظالمين يوم الحساب ويسألني الله (لماذا).. لماذا تخليت عن الضعفاء والمظلومين وأنقذت نفسك فقط؟

ولعل هذا الخوف هو ما يجعلني أبحث عن السلام في كل مكانٍ ولا أجده.

لكن مازال هناك وقتٌ لأصلح أخطائي،

مازال هناك وقتٌ لأزرع بعض الخير في هذه الدنيا قبل أن أرحل عنها، فلعل الله يسامحني يوم الحساب ويغفر لي ذنوبي التي أرهقتني.

وكما يقال:

"أن تأتي متأخرًا خيرٌ من أن لا تأتي أبدًا".

لقد تعلمت أنَّ الحب الحقيقي هو الإيثار، وأنه إذا أحببت شخصًا ما بصدق فيجب أن تتمنى له الخير حتى لو كان ذلك الخير مع شخصٍ غيرك، وإذا كان بحاجةٍ لمساعدتك فيجب ألا تتردد في مساعدته وبلا مقابل، الحب الحقيقي يشبه حب الأم لولدها، تحبه وتربيه وتحميه 20 سنة ثم يتركها وينتقل للعيش مع امرأةٍ أخرى، فتبتسم الأم وتتمنى له حياةً سعيدة أينما كان.

تعلمت أنَّ خوفنا من بعضنا البعض لا معنى له، وأن اختلاف العادات والثقافات والأفكار والأذواق ضروري جدًا لاستمرار حياة البشر، وأنَّ جميع الشعوب تريد العيش بسلامٍ لكن بعض المجانين الذين يحلمون بالسيطرة على العالم هم من يصنعون تلك الحروب ليفرقوا البشر، وإذا أردنا التغلب عليهم فعلينا أن نتعرف على بعضنا أكثر ونتقرب من بعضنا أكثر، ولا نصدق كل مايقال حتى لانقع في الفتن.

تعلمت أنَّ الفرصة لا تأتي مرة واحدة فقط بل تأتي الفرص دائمًا، لذا إن أضعت فرصة ما فلا تهدر الوقت بالحزن عليها بل طور

نفسك لتكون مستعدا للفرصة التي تليها، وعليك احترام تجاربك الفاشلة لأنها طريقك نحو النجاح.

تعلمت أنَّ الإنسان هو مزيجٌ من الحزن والأمل والأحلام والإيمان. الحزن يذكرنا دائمًا بأن هذه الحياة مؤقتة وسوف نغادرها يومًا ما، والأمل يدفعنا للعمل، والأحلام تجمل لنا الواقع مهما كان مرًّا وبشعًا.

أما الإيمان فهو الذي يصبرنا على قسوة هذه الحياة.

تعلمت أنني إذا أردت تحقيق أحلامي فلا بد لي من أن أحترمها أولًا، وإن من أقسى الأمور وأصعبها أن يفقد المرء أحلامه.

إن الاحترام كلمة لا تكفي لوصفها مئات الكتب والمجلدات.

نعم، الاحترام هو كل شيء..

هذا هو الجواب.

نظرت عبر التليسكوب إلى القمر الكبير البعيد والنجوم الضخمة من حوله، ثم أرخيت نظري فرأيت ذرةً حقيرة متنمّرة تمشي على الأرض وتلعن كل ماحولها، دققت النظر فاتضح لي أنها إنسان!.

العالَم الأوَّل

أصبحت كالخيال.. كالتمثال.. كرجل ثلج وُضع على حافة الطريق وحيدًا دون أية إرادةٍ منه، الشتاء في ألمانيا طويلٌ جدًا وباردٌ جدًا وقاسٍ جدًا.. ولا شيء يخفف من قساوته وبرودته إلا دفء وحنين العائلة.. أما من فقد كل شيءٍ وأصبح وحيدًا مثلي فسوف يجمد الشتاء قلبه ويحوله إلى إنسانٍ بلا روح ينتظر موته ليلتحق بعائلته التي فقدها..

لم أعد أعلم حقًا ما الذي ينغز قلبي، أهو البرد، أم الألم، أم الذكريات؟

لم أتوقع يومًا أن تكون نهايتي بهذا الشكل (لاجئٌ في بلادٍ غريبة)، لا أدري ما الذي جاء بي إلى هنا.. كانت هذه آخر محطاتي بعد رحلةٍ طويلةٍ أبحث فيها عن العالم الأول الذي كنت أخبر ابنتي عنه عندما كنَّا محاصرين..

كانت أيامًا عصيبة.. قُصف منزلنا واضطررنا للاختباء تحت الأرض بلا طعامٍ وبلا ماء.. حتى الهواء كان ممزوجًا بالتراب ورائحة الدماء.. كنت أرى ابنتي ذات الخمسة أعوامٍ تتألم من الجوع ولا أستطيع مساعدتها.. كنت أضمها وأحكي لها قصصًا عن العالم الأول الذي سآخذها إليه بعد انتهاء هذه الحرب الملعونة..

فكانت تسألني:

- بابا هل هناك طعام؟

فأجيبها:

- نعم يا ابنتي، هناك طعامٌ كثير.

فتسألني:

- هل هناك ألعاب؟

فأجيبها:

- نعم يا ابنتي هناك طعامٌ وألعاب وشوكولا وحلويات..

فتبتسم وتقول:

- أريد الذهاب إلى ذاك العالم الأول، فهنا يقتلون الأطفال ويحرقوهم ويعذبوهم، وأنا أخاف أن يقتلوني ويحرقوني..

فأضمها وقلبي يحترق وأقول:

- لا تخافي يا ابنتي سننجوا بإذن الله ونخرج من هنا وسنذهب إلى العالم الأول أنا وأنتِ وأمك.

فتنظر إليَّ بعينيها البريئتين وتقول متسائلةً:

- والآخرين؟!

هنا يجول نظري في المساحة الضيقة المحاصرين فيها فأرى النساء والأطفال المرميين على الأرض مثلنا، كلٌّ منهم يواسي الآخر وفي عيونهم جميعًا الخوف والرعب والألم من الجوع..

فأقول:

- والآخرين سيأتون معنا ايضًا يا ابنتي.

فتبتسم وتعانقني متناسيةً جوعها وألمها.. أما زوجتي فكانت تعلم أننا لن نخرج أحياءً من ذلك المكان فكانت تكتفي بالصمت والدعاء..

وجاء اليوم المشؤووم.. وتم قصف مخبئنا بالصواريخ.. الظلام دامسٌ والحطام يمنعني من الحركة.. أكاد أختنق.. أشعر بالتعب الشديد.. أريد أن أنام طويلًا للأبد.. لكن!! ابنتي.. (ليلى).. ليلى.. ليلاااا!!..

لم ينجُ أحدٌ غيري ذلك اليوم.. ليتهم لم ينقذوني.. ليتهم تركوني أموت أيضًا مع عائلتي... بقيت أيامًا وأنا أبحث بين الحطام عن جثة ابنتي وزوجتي.. وعندما وجدتهما كان المشهد رهيبًا جدًا وقاسيًا

لدرجة أنني لا أستطيع وصفه.. حملتهما بين ذراعي وأنا أصرخ بحرقة:

"لماذااا؟ ما الذي فعلته هذه الصغيرة لتقتلوها؟!"

منذ ذلك اليوم وأنا أراقب السماء وأنتظر أن يجيب الله على سؤالي.. أو أن يرسل نيزكًا يدمر الأرض كلها ومَن عليها.. فالبشر تحولوا إلى وحوشٍ يقتل بعضهم بعضًا.. والحياة تحولت إلى جحيم لا يطاق. .

لم يعد لي مأوى.. ولم يعد هناك شيءٌ أعيش من أجله.. قررت الرحيل إلى المجهول.. قطعت الجبال والوديان والبحار.. مررت بتركيا واليونان و إيطاليا وسويسرا و ألمانيا.. ولم أعثر على العالم الأول الذي تخيلته.. لم أرَ سوى عالمٍ بارد المشاعر.. مليء بالكره والكذب. .

عالم يكرهك بسبب لون بشرتك أو لأنك لا تفهم لغته.. وحتى لو كنت تشبهه وتعلمت لغته سيظل يكرهك ليس لأنك غريب بل لأنَّ الكراهية سيطرت على البشر.. هل نحن حقا في عام 2021؟ ! أصبحت أشكُّ في ذلك.. هل حقًا تطور البشر ووصلوا إلى القمر؟! إذن لماذا أرى العالم يتراجع بدلًا من أن يتقدم؟!

لماذا أرى البشر أصبحوا بلا مشاعر وبلا إنسانية.. بل أصبحوا أكثر حبًا للمال والسلطة والقوة والقتل؟!

لقد خدعونا وقالوا إنَّ الحرية حقٌ لجميع الشعوب وأن مجلس الأمم المتحدة يكفل للناس حق تقرير مصيرهم.. إذن لماذا عندما أردنا تغيير الديكتاتور الذي سلبنا حريتنا جاء العالم كله للدفاع عنه؟!

لقد ضحينا بأعزِّ أحبابنا في سبيل التحرر من الديكتاتورية لكننا اكتشفنا أن العالم كله ديكتاتور.. الحياة قاسية وظالمة.. وفي هذه اللحظة التي أكتب فيها.. هناك أطفالٌ مازالوا يصرخون، مازالوا يتألمون، مازالوا ينتظرون معجزةً تنقذهم من لعنة الحرب التي تحاصرهم من كل اتجاه.. أنظر من حولي فأرى الناس يمارسون

حياتهم بكل بساطةٍ.. يضحكون ويرقصون ويغنون.. غير آبهين بصراخ أولئك الأطفال المساكين.. لقد صرخت ابنتي كثيرًا لكن لم ينقذها أحد.. والآن أدركت أخيرًا أنَّ العالم الأول ليس دولةً إنما هو مشاعر موجودة فقط داخل القلوب الصافية.. العالم الأول هو الروح النقية.. هو التسامح والغفران.. هو التضحية في سبيل الضعفاء.. هو العطاء بلا مقابل.. وإكرامًا لروح ابنتي سأبني لها العالم الأول، وسأهب حياتي لمساعدة الضعفاء والمحتاجين ليتعلم الأطفال معنى الحياة الحقيقية..

ألا يا شيبُ قد جئتَ
في أولى شبوبتِنا
ماضرُّكَ لو صَبرتَ إلى
أن يكونَ الشيبُ هيبتَنا؟!
صغارٌ نحنُ ياشيبُ
فاذهب بلونِكَ الأبيضِ
إذا تدَّعي محبَّتنا
وعُد لزيارتِنا إذا ما
هدَّنا الكِبَرُ
أو مِتنا..

نحتاج إلى عمرٍ جديدٍ وعالمٍ جديدٍ وحياةٍ جديدةٍ؛ لعلنا ننسى ما حصل بعد أن فقدنا أنفسنا وتُهنا في العالم المادي الفاني.

وبينما أنت تحاصرك القذائف وأنا تحاصرني الجدران، تتمزقُ بداخلنا العواطفُ ويخبو بقلوبنا الإيمان.. ياليتنا كنَّا طيورًا.. كنَّا سحابًا.. كنَّا أي شيءٍ ماعدا الإنسان.

رياحُ القَدر

في داخلِ وردةٍ جوريةٍ حمراءَ مزروعةٍ وسطَ أرضٍ من رَمادٍ مُعلقة بينَ الشيءِ واللاشيء كانت دِمشقُ.

كان الوقتُ تائهًا بين الزمانِ واللا زمان، ورياحُ القَدَر تُسْقِطُ كلَّ يومٍ ورقةً من الوردة التي تَزدادُ ذبولاً كُلَ حين.

الظلامُ اكتسحَ الضياء وأمرَ السواد بابتلاعِ جميعِ الألوان، حتى الرمادي الذي هو ابن السواد ابْتُلِعَ أيضًا.

كل شيءٍ مُعتِمٌ، ظلامٌ لاينتهي، والريحُ تُرسِلُ زوابعها لتقضي على كُلِ وجود.

تَصطدمُ الريح بالوردة، تحاولُ اقتلاعها، لكن الوردة تُرسِلُ جذورها نحو الأعماق وتتشبثُ بقوة.

تستشيطُ الريح غضبًا، إذ كيف لوردةٍ هزيلةٍ بساقِها النحيل وأوراقِها الذابلة أن تتحدى رياحَ القدر العظيمة؟!

تأمرُ الريح زوابعها بالاتحادِ معًا لتشكيلِ زوبعةٍ ضخمةٍ ومخيفة، تُنفِذُ الزوابع الأمر دون تردد، تأمرُهم بالتوجهِ نحوَ الوردة المتمردة لاقتلاعها فتفعل، تبدأ الزوبعة الضخمة بالدورانِ السريع حولَ الوردة وجذبِها نحو الأعلى لكن الوردةَ تقاوم بكُلِ قوتها في سبيلِ بقائها، تبدأ الأوراقُ بالتبعثُرِ والاختفاء وتبدأ الجذور بالانقطاعِ جذرًا تلوَ الآخر، تضحكُ الريحُ ساخرةً مُستَهزِئة ثم تقول بنبرةٍ يملأُها الغرور والتكبر:

"استسلمي أيتها الوردة، لا فرصة لكِ للنجاة، فلقد حطَمتُ زوابعي آلافَ الكواكبِ واقتلعَتْ ملايينَ الأشجار العملاقة ولم يجرؤ أحدٌ على الوقوف أمامها".

فقالت الوردة وهي تهتز يمينًا وشمالًا:

"تلكَ الكواكب التي حطمتْها زوابعُك كانت هشةٌ، مُجرد أحجارٍ متكتلةٍ فوق بعضِها البعض دونَ هدفٍ، وتلكَ الأشجار العملاقةُ كانت فارغةً من داخلِها وليس لها أيّة جذور.. أما أنا فبداخلي دمشق التي تمتدُ جذورها لعشرةِ آلافِ سنةٍ ضوئية، والتي حاولتْ نارُ الحقدِ إحراقها ففشِلت، ثم جاءَ بعدها الحُزن وحاولَ إغراقها فلم يستطع، ثم جاءَ من بعدِه الطمع والظُلم والانتقام والكراهية، جميعُها جاءت بجيوشِها الجرارة وعتادِها وحاصرت دمشقَ وحاولت اقتلاعي، لكنها عادت من حيث جاءت تجرُ وراءها أذيالَ الهزيمة، وها أنتِ اليوم أيتُها الريح تقَعينَ في الخطأ ذاتِه، وقد أعطيتُكِ الوقتَ لتنسحبي كما فعلوا، لكنكِ تُصرينَ على تَحدي جذوري، والآن تبددتْ فُرصةُ نجاتكِ تلكَ وحانَ الوقتُ لأريكِ سِرَ قوتي".

فتحتْ الوردة أوراقها فخرجَ مِنها نورٌ عظيم اكتَسحَ الظلام وبددهُ عن آخره، ثم خرجَ من ذلك النور شعاعٌ أصابَ الزوبعةَ الضخمة فجعلها تترنَحُ وتَسقُط ثم تتلاشى وتختفي وكأنها لم تكن.

فَزعتْ الريح من هولِ ما رأتْ وصاحتْ للمرة الأولى منذ بدء الخليقة:

" يا الله، كيف لوردةٍ هزيلةٍ كهذه أن تَهزمَ زوبعتي الجبارة؟! هذا شيءٌ لا يُصدَق!"

فقالت الوردة موجهةً حديثَها للريح:

"ألم أحذرك، ألم أُعطكِ الوقت لتترُكيني وترحلي؟ لقد أعماكِ غرورك وجعلكِ ترينَ فقط الجُزءَ الظاهرَ مني، فرأيتني مُجرد وردةٍ وحيدةٍ وضعيفة، متغافلةً عما يُمكن أن يكونَ بداخلي، و هاهو نورُ دمشقْ يَهزمكِ كما هَزمَ مَنْ سبقَك ويبددُ الظلام ليعودَ الربيعُ من جديد.. والآن آن الأوان لأريحَ العالمَ منكِ ومِن شرورك، وداعًا أيتُها الريح، لن تؤذي بعدَ اليوم أحدًا".

يحكي أنَّ..
يحكى أنَّ قلبًا طُعن آلاف المرات
حتى بات جرحًا نازفًا على وَرق
دامٍ والأحزانُ بارودٌ تفجَّر
والقلب احترق..
يحكى أنه كان قلبٌ مِن أحلامٍ
يسكنه الغرام
حدائقه زهورُ الأملِ
وجدرانه من عَبق
مات والحلمُ تلاشى
كليل أسودَ سرمديٍّ
بلا غَسق
أما صرخته الأخيرة فكانت:
"الموتُ حق"..

أحيانًا ـبل غالبًاـ مايتعلق الإنسان بأمورٍ وأشياء وأشخاص يعلم تمامًا علم اليقين أنه لا يستطيع الوصول إليها أو العيش معها.. بل حتى أن مجرد اقترابه من أيٍ منها يعني هلاكه..

كالنجوم مثلًا.. التي لا تكاد قصيدة تخلو من ذكرها.. والتي يحلم الساهرون كل ليلةٍ بالوصول إليها.. رغم علمهم الآن أن تلك النجوم ماهي إلا كواكب ملتهبة لو سقطت على كوكبنا لدمرته عن آخره.. ومع ذلك يتشدق العشاق والشعراء والحالمون بحبهم وتعلقهم بتلك النجوم التي تلمع حممها الملتهبة كالذهب.

والقمر الذي ما هو إلا مجرد صحراء قاحلة.. يمضي البشر حياتهم حالمين بالوصول إليه متناسين جمال الكوكب الذي يعيشون عليه.. بل حتى أنهم يقطعون أشجاره ويلوثون بحاره ويستنزفون كنوزه وهباته في سبيل استكشاف تلك الصحراء المسماة بالقمر.. إنها حقًا لخيانة عظمى ولو أتيحت الفرصة لكوكبنا بالكلام لقال لنا جملةً واحدة:

"أنتم مطرودون"!

ثم لفظنا نحو الفضاء ولكان أول الشامتين بنا هو ذاك القمر الذي أفنينا أعمارنا نحلم بالوصول إليه..

إن علاقات البشر بين بعضهم البعض مبنيةٌ على التعلق بما يضرهم ولا ينفعهم.. كل قلبٍ يتعلق بمن يؤذيه.. كل حرٍّ يبحث عمن يستعبده.. وكل عبدٍ يحلم بأن يكون حرًا ليتمكن من اختيار سيده الجديد.. العلاقات النسانية منذ الأزل مبهمة وغير مفهومة.. وفي داخل كل إنسان توجد رغبةٌ خفية في استعباد الآخر.. في السيطرة عليه والتحكم في حياته.. حتى إنَّ بعض البشر يفنون حياتهم في

محاولة إبقاء الآخرين تحت سيطرتهم ويورثون ذلك الأمر إلى أبنائهم وأحفادهم حتى يصبح من هو تحت سيطرتهم جزءًا من ممتلكاتهم، ومع الوقت ينسى العبد من يكون ويؤمن حقًا أنه ما خلق إلا لخدمة سيده.

وكثيرًا ما تكون السيطرة مغلفة بأسماءٍ مختلفة.. كسيطرة الحبيب على محبوبه تحت مسمى الحب.. حيث يمسي المحب مطيعًا لحبيبه لا يخالف له أمرًا ولو على حساب سعادته... أو كسيطرة المدير على موظفيه وجعلهم يعملون فوق طاقتهم مقابل أجرٍ زهيد.. أو كسيطرة الآباء على أبنائهم واتخاذ القرارات عنهم، وهناك أيضًا سيطرة السياسيين على الشعوب تحت مسمى... لا أدري.. فللسياسيون طرقٌ عدة في خداع الناس والسيطرة عليهم، ولهذا يدعون بالـ (سياسيين)، أي يسايسون الوضع ويتماشون معه ليضمنوا تمرير مخططاتهم.

هكذا هم البشر منقسمون بين تابع ومتبوع، بين قطيع وراعيه، ولا يهم القطيع كم يذبح الراعي منهم يوميًا لأنهم يثقون بأنه من مصلحة الراعي بقاء القطيع وعدم فنائه فيسلمون له بكل انصياع أبناءهم ليبيعهم أو يذبحهم بينما ينجبون هم أبناء آخرين.

ويحدث أن يخرج من بين الجموع أشخاصًا فهموا الحقيقة فأخذوا على عاتقهم مهمة تحرير مجتمعاتهم من العبودية، لكن فكرة الحرية تخيف الناس وتجعلهم يرفضونها خوفًا من العيش بلا سيد يخدمونه ويقدمون له القرابين التي باتت جزءًا من واجباتهم اليومية، فيلجؤون لمهاجمة من يريد تحريرهم ويقومون بقتله ليسكتوه فلا يسمعون بعد ذلك كلامًا عن الحرية ..

إنَّ سيناريو الحياة يعيد نفسه، وإن العقول تبقى هي ذاتها لا تتغير مهما بلغت الحضارة مداها.. فتلك أقوامٌ عاشت قبلنا بآلاف السنين كانت تقتل أنبياءها ورجالها الصالحين الذين وجدوا أنفسهم

مضطرين للتضحية بأرواحهم في سبيل إحقاق الحق وعادة البشرية إلى الطريق الصحيح.

وها نحن اليوم نقتل صالحينا، وأكثر مايواسيني هو أنني على يقين أنَّ المستقبل لن يكون لأحدٍ وأنَّ سنواتٍ قليلة فقط تفصلنا عن نهايةِ هذا العالم البائس، فليتمرد البشر كما شاؤوا وليتكبروا كما شاؤوا فقريبًا سيأتي الموت لحصد الأرواح ولن يترك على ظهر الأرض أحدًا.

الأرض غرقت بدماء الأبرياء، والمعتقلات امتلأت بالمظلومين، وقاع البحر أصبح مسكنًا لجثث من حاولوا عبوره هربًا من العبيد الذين يحاولون حماية عروش أسيادهم.

ومن نجا يعيش وفي داخله غصةٌ أبدية تضغط على صدره، وتتراءى له سراباتٌ وأخيلة تتشابك خطوطها في رأسه فقط، هناك في الباطن حيث يحتفظ العقل بنسخةٍ من كل شيء ويعيد تكرارها كلما حاولت العينين النوم.

والأصعب من ذلك كله هو أن يعاملك الناس بشكلٍ عادي وكأنَّ شيئًا لم يكن.. وكأنك كنت في نزهةٍ وعدت منها للتو.. وكأن الحرب لم تفقدك أحبابك والبحر لم يسرق منك أطفالك والحياة لم تأخذ منك أي شيءٍ، فتجد نفسك وحيدًا غريبًا في عالمٍ لم تعد تفهمه.. وترى القمر مجرد كوكبٍ تعيسٍ أجرد وتكتشف حقيقة النجوم القاتلة فلا يعد لمعانها المزيف يغريك.. وتصبح الغيوم بالنسبة لك مجرد دخانٍ متطايرٍ ولا شيءٍ في السماء يستحق التأمل أو يثير الدهشة.. وتشعر بالوقت يمضي ببطءٍ قاتل والأيام لا تحمل معها سوى الأخبار السيئة، و ترى في منامك أياديَ أطفالٍ ممتدة نحوك وأصواتٍ كثيرة تصرخ باسمك تطلب المساعدةِ، وأنت مكبلٌ لاتستطيع فعل أي شيءٍ من أجلهم.. و بعدما تبوء كل محاولاتك في تحرير نفسك بالفشل ويتمكن اليأس منك، تمتليء عيناك بدموع القهر فتطأطئ رأسك خجلًا و تبكي.. .

من قال أنَّ الذكريات تتلاشى مع الزمن؟

إنَّ الذكريات تعمر وتشيخ معنا كما تشيخ الوجوه، تلتصق بأرواحنا فتسجل كل صوتٍ سمعناه وكل حب لامس قلوبنا وكل ألمٍ شعرنا به وكل دمعةٍ نزلت من عيوننا حزنًا و فرحًا.

كل الأشخاص الذين التقينا بهم في حياتنا.. كل الأشياء التي سمعناها.. كل الكلمات التي نطقنا بها.. بطريقةٍ أو بأخرى تقاطعت مصائرها مع مصائرنا.

الذكريات القديمة تاريخ مضى لكنه مازال عالقًا فينا، مرآة تعكس حقيقتنا التي لا نجرؤ على إظهارها للبشر، تضيء لنا الطريق تارةً وتظلمه تارة، تفرحنا تارة، وتحزننا تارة، وتقلبنا الأيام بين طياتها ونحن نعلم أنَّ اليوم الذي ينقضي لن يعود أبدًا، فنحاول استنساخ أيامنا لنعيش لحظاتها السعيدة أطول فترةٍ ممكنة..

لكن عندما تختفي الألوان من حياتنا ولا نعود نرى سوى الأبيض والأسود، تصبح الدنيا أكثر وضوحًا بأعيننا ويراودنا شعورٌ بالغضب إذا ما رأينا لونًا رماديًا أمامنا.. يمشي المرء منا في الطرقات يتأمل وجوه العابرين وفي داخله شعورٌ يخبره أنه أصبح أكثر علمًا وحكمة وتفهما لأفعال البشر، فيراقب تحركاتهم وينصت لأحاديثهم بصمتٍ على مدى الأيام فيدرك الحقيقة المرعبة وهي أنَّ جميع البشر مكررون وجميع تصرفاتهم وأحاديثهم مكررة.. وأنَّ الأغبياء على مدى الأزمنة والعصور مكررون والأذكياء مكررون، المجرمون مكررون والطيبون مكررون، وكل شيءٍ في هذه الأرض مكرر كتكرار فصول السنة، وكل ما يختلف فقط هو شكل الوجوه والأجساد، فتلوح فكرة أنه لربما تكون فكرة تناسخ الأرواح ممكنة وأنَّ الأرواح بعدما يقبضها الموت تلبث في السماء مدةً من الزمن ثم تعود إلى الأرض من جديد لتسكن أجسادًا أخرى وتشعر بالمشاعر الإنسانية من جديد، وتسيطر تلك الفكرة على عقل المرء حتى تكاد تصبح عقيدة.. لكنه عندما يقف أمام بحيرةٍ ما ويرى

تجمهر الناس حولها ويتفحص ملامح الدهشة والإعجاب بجمال الطبيعة المرتسمة على وجوههم، ينفض تلك الفكرة الغبية من رأسه و يدرك أنَّ سبب التشابه ذاك هو أنَّ جميع الأرواح بعثت من مصدرٍ واحد.. حتى أرواح الحيوانات والنباتات وكل مخلوقٍ حي فوق هذه الأرض جميعها أتت من المصدر ذاته، وبالتالي فمن الطبيعي تواجد قواسم مشتركة بينهم وأن تتقاطع مصائرهم في نقطةٍ ما، وبعد أن يدرك ذلك يرفع رأسه إلى السماء فيحمد الله على نعمة البصيرة التي ألقيت على عقله ليرى الحياة على حقيقتها.

إنَّ ثبات القلب علي المسار الصحيح أمرٌ ليس بالهين، هذه هي الحرب التي نحاول ونسعي جاهدين للانتصار والفوز بها..

ظننَّا أن الوعي سينتصر فغافلنا الغباءُ بجحافل الجهلاء..

أحلامٌ قاتلة

إسرائيل تبيع الغرب من أجل حلمها الشرقي

في إحدى القرى البعيدة، حيث الحرب تسرق كل يومٍ أرواح البشر وتدمر الأرض و تحرق الشجر، هناك في الجحيم، حيث يعيش آلاف الأطفال أسوأ كوابيسهم دون أيِّ ذنبٍ اقترفوه ليستحقوا هذا العذاب، إنَّ أقسى ما في الحياة هو العيش فيها دون أي إرادةٍ لنا في أي شيءٍ، ودون أن نستطيع إنقاذ أنفسنا وأحباءنا من الموت المحيط بنا و بهم.

كل هذا العالم ممزوجٌ بلعنة البشر، بالألم، برعب لا يحتمل..

الخوف موتٌ بطيء يستنزفنا يومًا بعد يوم، والعزلة لانختارها إلا بعد أن تطحن الأيام عظامنا وتشوي قلوبنا وتطعن أرواحنا في الصميم.

كانت (سارة) واحدةً من عشرات الأطفال الذين فقدوا سمعهم بسبب أصوات الانفجارات العنيفة، فلم تعد تسمع أنات المصابين ولا أصوات القنابل التي تتساقط كل يومٍ فوق رؤوس الناس في قريتها. كانت تنظر إلى الدنيا بعينين خَفَت فيهما النور، وروحها المضطربة تصرخ، تريد الخروج لتملأ الدنيا ضجيجًا وصخبًا، أن تطير بعيدًا بين الغيوم، أن ترقص فوق القمر وتغني للنجوم، لكن الدنيا لم تقدم لها سوى حصارًا مقيتًا وسط حربٍ ملعونة لا قانون فيها سوى القتل والتدمير.

كانت في التاسعة من عمرها لكن الأعمار لم تكن يومًا تقاس بالأيام أو السنين، بل تقاس بما يحمله القلب من أحزانٍ وبما يخبئه الصدر من أنين.

كل يومٍ وقت الفجر تصعد إلى سطح المبنى الذي تعيش فيه مع عشرات الذين سرقت الحرب آباءهم لترقب الشمس وهي تشرق من الظلام، تفتح ذراعيها لاستقبالها وهي تتأمل أشعتها كيف تنتشر شيئًا فشيئًا لتغطي القرية بأكملها وفي قلبها أمنية، وهي تحدث المعجزة التي تنتظرها منذ عامين، بعدما أخبرها الناس أنَّ والديها قد ذهبا لزيارة الشمس وسيعودان يومًا ما؛ فكانت تنتظر لساعاتٍ طوال، حتى تغيب الشمس وتختفي وراء الأفق، ولكن لا أحد يأتي.

وكيف يعود من أُحرق جسده و صعدت روحه إلى السماء؟! الروح، ذلك اللغز الذي إلى الآن لم يجد جوابه أحد، ولم يكتشف سره أحد، يتكون الجنين في رحم أمه من ماءٍ وخلايا تتحول إلى لحم، ثم فجأة تسكن هذا اللحم طاقةٌ عجيبة تجعل منه كائنًا حيًّا يشعر ويسمع ويرى، وكما أتت هذه الطاقة فجأة فإنها لحظة الموت تختفي فجأة تاركةً الجسد مجرد كتلةٍ من لحم متعفن، من أين جاءت هذه الطاقة؟ لا أحد يدري، إلى أين ذهبت؟ لا أحد يدري، ولماذا لا يستطيع الجسد عمل شيءٍ دونها؟ لا أحد يدري، ولماذا يتسابق الجميع لقتلها؟ لا أحد يدري.. هل الشر موجودٌ داخل هذه الطاقة التي نسميها الروح أم في الجسد؟ وماهو مفهوم الخير والشر؟ لماذا البعض يشعرون بالسعادة حينما يساعدون أحدًا ما؟ ولماذا البعض يشعرون بالسعادة عندما يقتلون أحدًا ما؟ هل الروح هي التي تشعر أم الجسد؟ لا أحد يدري.

توصَّل علماء النفس إلى أنَّ الروح إذا مرضت مرض الجسد كله، وهذا ما يسمى بالاكتئاب، وعندما تصل الروح إلى هذه الدرجة من الحزن تفقد الرغبة بالبقاء على هذه الأرض، وتشعر بأنَّ الجسد

قد تحول إلى سجنٍ مظلم كئيب بعد أن كان موطنًا لها، فتحاول جاهدةً تخريبه لتحرر نفسها منه، وهذا مايسمى بالانتحار.

في 2019_3_21 فتحت (سارة) عينيها فرأت الناسِ يركضون من حولها في كل الاتجاهات، نهضت وركضت مسرعةً إلى السطح لترى ما يجري، نظرت إلى السماء فرأت النجوم تتساقط كالشهب ويسطع من بينها ضوءٌ ملتهب كأنه الشمس، لم تأبه (سارة) للناس الذين رأتهم أسفل المبنى يركضون هلعين يمينًا وشمالًا ويتخبطون كالنمل حينما يضل طريقه، بل صبت كل تركيزها على ذلك الضوء الذي كان يتجه نحوها بسرعةٍ هائلة، فتحت ذراعيها لاستقباله وهي تبتسم ظنًا منها أنَّ والديها قد عادا أخيرًا إليها، وقبل أن تعلم حقيقة ذلك الشيء المضيء كان جسدها قد تحول إلى أشلاء متناثرة، وكان ضحيةً تلك القنابل العنقودية والصواريخ الروسية تلك الليلة 3000 إنسان سرقت أرواحهم حرب قامت من أجل لا شيء.

جميع الحروب في هذا الزمن تقوم على لا شيء وتنتهي على لا شيء، كل ما في الأمر أنَّ هناك بعض المجانين الذين يحاولون السيطرة على كل شيءٍ ظنًا منهم أنهم سيعيشون للأبد، فيقتلون ويدمرون ويحرقون قلوب الملايين ثم يموتون تاركين العالم وراءهم غارقًا بالحقد والكراهية والانتقام.

يغتالون ملايين الأحلام البريئة من أجل تحقيق أحلامهم القاتلة، ثم ماذا؟

يرحلون محملين بدموع الثكالى ولعنات المظلومين.

لكن هل تنتهي الحروب برحيلهم؟

هل يعيش العالم بسلامٍ بعدهم؟

لا.. الحرب لن تنتهي؛ فالحرب تندلع بسبب الدين، بسبب العرق، بسبب اللون، بسبب اللغة، بسبب النفط، بسبب فرض القوة، بسبب العولمة.....

هناك ألف سببٍ لاندلاع الحروب، ولم نفهم حتى الآن اللعبة التي يلعبها الشرُّ معنا كلَّ مرة!

الخوف..

الخوف هو السلاح الأقوى الذي يستخدمه الشرُّ ضدنا دائمًا، تبدأ اللعبة بإخافة الناس وإقناعهم أنَّ الخطر محدق بهم، ثم يتم تسليحهم ليدافعوا عن أنفسهم، ثم سرعان ما يجدون أنفسهم يقتلون كل من لا ينتمي إليهم، وبعد أن كانوا يخافون أصبحوا يخيفون.

إنَّ الحروب لن تنتهي إذا اختفى المسلمون، أو إذا اختفى المسيحيون أو اليهود أو الهندوس أو البوذيون أو الملحدون أو البيض أو السود، لكنها يمكن أن تنتهي إذا تعلم الجميع تقبل بعضهم بعضًا، واحترام بعضهم بعضًا والتوقف عن صناعة الأسلحة التي يرهبون بها بعضهم بعضًا.

الحرب يمكن أن تنتهي إذا تعلم الجميع العيش في توازن، فلا يضطهد القوي الضعيف، ولا يستعبد الغني الفقير، ولا يسعى أحدٌ إلى السيطرة على ممتلكات الآخرين.

الحرب لعنة، خسائرها أكبر من مكاسبها، يبكي الناس على ضحاياهم سنين طويلة ثم بعد أن يبدأ السلام يتسرب من قلوبهم مرة أخرى تعود الحرب لتقضي على أحبائهم من جديد، وكأنَّ هناك من يتعمد أن يبقى الناس يتألمون طوال حياتهم، وكأن الألم كالديكتاتور لا يقبل أن يأخذ مكانه أحد.

و دائمًا ما يجد الشرُّ من يستمعون لندائه وهو يخبرهم بأنهم الأفضل، بأنهم الأقوى، بأنهم الأذكى، يغذي قلوبهم بالحقد والكراهية، ويزرع في عقولهم الأنانية والعنصرية، فيخرج لنا (ترامب) ليقول أمريكا أولًا، ويخرج (بوتين) ليقول روسيا أولًا، ويقول أتباع (هتلر) نحن أولًا، ويقول (بشار الأسد) العلويون أولًا، ويقول (نتنياهو) إسرائيل أولًا، ويقول (الخامنئي) إيران أولًا،

ويقول الصينيون الشيوعية أولًا، ويتسابق الجميع في صناعة أخطر الأسلحة الذرية والقنابل النووية التي ستبيد الأرض وتدمر كل شيء، وما بين نزاعات هؤلاء الشياطين يموت ملايين الناس ثم لا يكون أي أحدٍ فيهم أولًا.

والمشكلة الحقيقية ليست في هؤلاء المجرمين فقط؛ بل المشكلة في الذين يصدقون كذبهم ويعجبون بعنصريتهم ويؤمنون بأنَّ أحلامهم القاتلة هي الطريق للتطور والازدهار.

إنَّ الشر جزءٌ من كل مجتمع ومن كل عائلة، نراه تارةً على هيئة ديكتاتورٍ مجرم وتارة على هيئة سياسيٍّ منافق، وتارةً على هيئة صحفيٍّ كاذب أو شرطي فاسدٍ أو موظف مرتشٍ أو شريكٍ خائن أو أبناء سيئون.

الشر جزءٌ من كل إنسان كالخير تمامًا، ولا يمكن الحكم على الآخرين إلا من خلال أفعالهم... البعض منا ينتصر على الشر الذي بداخله ويسحقه، والبعض يرى في الشر فرصةً ليحقق أحلامه. كالسارق الذي يريد أن يصبح غنيًا بسرعة فيتملكه الشر ويصور له أنَّ الأشخاص الطيبين هم أناسٌ أغبياء لا يجيدون استغلال الفرص، ومع الوقت يصور له الشرُّ أنَّ الأشخاص الطيبين لا يستحقون الحياة ويجب قتلهم؛ ومازلنا نرى في نشرات الأخبار والصحف كل يوم كيف يتم قتل الفلسطينيين والسوريين والعراقيين واليمنيين والأفارقة، وكيف يتم تهجيرهم من بيوتهم من أجل سرقة الغاز والنفط والذهب الموجود في أرضهم.

ومازلنا نرى كيف يتم حرمان الأطفال في إفريقيا من طفولتهم وإجبارهم وهم ما يزالون في السادسة من عمرهم على العمل في المناجم وفي زراعة التبغ والكوكايين وإنتاج الشاي والشوكولا والمطاط وغيرها.

أما الحكومات والشركات التي ترتكب كل تلك الفظائع وتسرق حياة الناس، فهي ذاتها التي تتغنى بالإنسانية أمام مجتمعاتها وتنشئ

منظمات حقوق الإنسان وتتبرع للأيتام أمام الكاميرات ليصفق لها الناس ويدعموها بأصواتهم..

هذا هو العالم المادي الذي نعيش فيه اليوم للأسف.

إنَّ النموذج الحضاري قد أثبت فشله وفشلت معه التجربة المجتمعية الحديثة، وبدلًا من أن يصبح الإنسان أكثر انفتاحًا وعدلًا و مثالية، ازداد في وحدته وانعزاله وتوحُّشه وأنانيته، حتى أصبح الجار يخاف من جاره، وانعدمت الخصوصية حتى أصبحت معرفة مافي عقول الناس تُستخدم للتحكم بهم وبآرائهم، والقوانين التي صدرت لمصلحة الإنسان تطوَّرت لتصبح ضده.

هل تعرفون لماذا؟

لأن الميزان الذي تقاس به الأمور قد اختل وأصبح القانون ملكًا للقوي ولا حق للضعيف فيه.

اسرق لكن لاتدع أحدًا يراك، اقتل لكن لا تترك دليلًا خلفك، تاجر بالمخدرات لكن لاتدع الشرطة تمسك بك، واحرص كل الحرص على أن تفلت من يد (العدالة)؛ لأنك بذلك تكون قد نجوت بفعلتك ولن يستطيع أحد معاقبتك.

هذا هو القانون الذي يسير عليه العالم اليوم، وهذا مايتم تعليمه للأطفال بطريقةٍ مباشرة أو غير مباشرة حتى أصبحت الجريمة أمرًا عاديًا يمكن الاعتياد عليها والتعايش معها.

مازال العالم يذكر الجرائم التي ارتكبها الإنسان الأمريكي المتحضر داخل سجن أبو غريب في العراق، حيث مارس الجنود الأمريكيون على السجناء العراقيين أفظع أنواع التعذيب وأشنعها، وحيث أجبروا الأخ على اغتصاب أخته، واغتصبوا الأطفال وحولوهم إلى مثليين، و أجبروا الرجال على النباح والتصرف كالكلاب، وكأنَّ الحضارة لم تنتج لنا سوى الإنسان السادي الذي يتغذى على الجنس والتعذيب والقتل فقط، ومازالت صور تلك الفظائع الموجودة على صفحات الإنترنت شاهدةً على جرائم الإنسان

المتحضر، الإنسان المتطور، الإنسان المتحرر من كل شيءٍ إلا من نفسه وشهواته.

والعجيب أنَّ من يفعل كل تلك الجرائم هي الدول ذاتها التي تتصدر مجلس الأمن في الأمم المتحدة والذي تنص بنود دستوره على احترام حقوق الإنسان، وهي من تقرر مصير الشعوب!

إنَّ مايحدث اليوم في الشرق الأوسط يشبه الأفلام السينمائية، حيث يرى المشاهدون وحشًا خطيرًا مسجونًا داخل غرفةٍ مدفونة تحت الأرض، والتي يعثر عليها بعض المستكشفين ويحاولون فتحها ظنًّا منهم أن بداخلها كنزًا ما، فيصرخ المشاهدون:

"لا تفتحوها، لا تفتحوها!"

لكن المستكشفين لا يسمعونهم لأنهم يتواجدون في زمانٍ ومكان مختلفين، لذا يكملون محاولاتهم إلى أن ينجحوا أخيرًا في فتحها، عندها يخرج الوحش إليهم ويقتلهم جميعًا.

إنَّ المستكشفين هم الحكومات والشعوب الغربية، والوحش هو دولة إسرائيل، أما المشاهدون فهم العرب الذين يرون بأعينهم مايجري ويصرخون منذ سبعين عامًا من أجل أن تنتبه الشعوب الغربية إلى خطورة الوحش الذي يقومون بخلقه، لكن لا أحد يسمع صراخهم؛ بل إنَّ إسرائيل قد نجحت بترجمة هذا الصراخ على أنه تهديدٌ للعالم! وأطلقت على من يصرخون اسم (إرهابيون).

إنَّ وعد (آرثر جيمس بلفور) وزير خارجية المملكة المتحدة إلى الصهيونية عام 1917 قد تحقق، وهانحن نشهد اليوم ولادة دولة إسرائيل على أرض فلسطين.

لكن ليس كما أرادها بلفور، فالرياح لم تجرِ كما تشتهي سفنهم، ولم يستطيعوا القضاء على العرب كما قضوا على سكان أمريكا الأصليين، ولم ولن يستطيعوا هزيمة الإسلام أبدًا، وعلى مدى المائة عام المنصرمة، كانوا كلما قتلوا شخصًا مسلمًا في مكان ما في هذا العالم، اعتنق عشرة أشخاص الإسلام في الطرف الآخر

من العالم، ورغم كل محاولات البروباجندا الإعلامية لتشويه صورة الإسلام في الأعوام الماضية إلا أنها فشلت وتحولت تلك المحاولات إلى دعايةٍ مجانية لدفع الناس للتعرف على الإسلام أكثر، وساهمت ـعن غير قصدٍـ باعتناق المزيد من البريطانيين والأمريكيين والأوروبيين والروس للإسلام، وهذا هو السبب الذي أجبر إسرائيل على إدخال الفلسطينيين في مؤسساتها المدنية والعسكرية، وإنشاء قنواتٍ عربية للتواصل مع العرب وإقناعهم للاتحاد معها وتقبُّلها كجزءٍ من الشرق الأوسط بعد أن أدركت عبر دراساتٍ طويلة أنها غير قادرةٍ على هزيمتهم، و قرر قادة إسرائيل التعويل على الروابط المشتركة بين اليهودية والإسلام، وهذا الأمر جعلها تغير استراتيجياتها وتعيد رسم خططها المستقبلية وتحدد أولوياتها، وإنَّ المتغيرات على الساحة الدولية اليوم تخبرنا أنَّ الحركة الصهيونية قد اتخذت قرارها بخلع الرداء الغربي القديم تمهيدًا لارتداء ثوبها الشرقي الجديد، فالصهيونية المتمثلة في بريطانيا وأمريكا وإسرائيل لا تريد لها شركاء في ثروات الشرق الأوسط وإفريقيا، والتي ستصبح جميعها عما قريب تحت تصرف إسرائيل عبر قيادتها لاتحاد الشرق الأوسط الجديد الذي تحدثت عنه إدارة الرئيس الأمريكي السابق جورج بوش ووزيرة الخارجية السابقة كونداليزا رايس، وبالتالي سيسعى الحلف الصهيوني إلى إضعاف الاتحاد الأوروبي وتفكيكه وإدخاله في حالةٍ من الفوضى والنزاعات الداخلية وذلك لخنقه اقتصاديًا وإحكام السيطرة عليه وضمان عدم قيام أي تحركٍ عسكري ضدها من قِبله، وإذا أمعنَّا النظر نجد أنَّ اتخاذ بريطانيا لقرار انفصالها عن الاتحاد الأوروبي بالتزامن مع إعلان ترامب أنَّ القدس عاصمة إسرائيل هو أحد المؤشرات للخطوة الصهيونية القادمة، بالإضافة إلى بدء الإعلام بشحن الشعوب الأوروبية بالعنصرية والكراهية والتي أدت إلى تصاعد شعبية الأحزاب اليمينية المتطرفة التي

تسعى إلى الاستيلاء على الحكم بأية وسيلة؛ وهذا ينبئنا باقتراب تلك الفوضى المستقبلية.

أما ما يحدث اليوم من فوضى في الشرق الأوسط فهو مجرد عملية إضعافٍ للجسد العربي لإرغامه على تقبل العضو الجديد (إسرائيل) كجزءٍ منه، وكما نرى اليوم فإنَّ العرب قد أصبحوا أكثر تقبلًا لفكرة وجود إسرائيل بينهم، و إنَّ المغازلات بين حكام العرب وإسرائيل أصبحت علنيةً وخاصة بعد تغلغل السرطان السري الصهيوني الإيراني من جهةٍ، واندلاع الثورات العربية المطالبة بتطبيق الديموقراطية من جهةٍ أخرى.

إنَّ الاستقرار في أوروبا قد بدأ يتزعزع، وها هي الحكومة الفرنسية قد بدأت تتخبط ببعضها، وهاهو ماكرون يصرح أنَّ هناك أيدٍ خارجية تعبث ببلاده، فلا تتعجب عزيزي القارئ إن استيقظت يومًا لتجد أنَّ البورصة العالمية قد انهارت والبنوك قد أغلقت أبوابها، والشركات الكبرى أعلنت إفلاسها، والشعوب ثارت لإسقاط حكوماتها، وبدأ العالم يشتعل ولا أحد يعلم ما الذي يجري حوله.

فكما تعلم عزيزي القارئ، فإنَّ جميع أموال الشعوب اليوم موضوعة في البنوك وجميع أموال البنوك موضوعة في البورصة العالمية، والبورصة هي عبارة عن فضاءٍ مظلم لا أحد يعلم من يديره ولا كيف تتم إدارته ولا أين توضع أمواله؛ و قد رأيت كيف انهارت البورصة من قبل وكيف أفلست الكثير من الدول ولم تستطع النهوض حتى الآن مهما حاولت حكوماتها وضع خططٍ اقتصادية ومهما حاولت الشعوب مساندة حكوماتها في تنفيذ تلك الخطط، ومازال اليونانيون مصدومين مما حصل لبلادهم ولم يفهموا إلى الآن ما الذي جرى لهم حتى وجدوا أنفسهم مشردين في أنحاء أوربا يبحثون عن فرصة عمل.

وها أنت عزيزي القارئ ترى المشردين الذين هم ضحايا مجتمعاتهم يفترشون الأرض في محطات القطارات، والذين يمكن أن نعتبرهم نموذجًا مصغرًا لما سيؤول إليه حال جميع الأوروبيين بعد سنواتٍ قليلة، فهل سألت نفسك يومًا عن السبب الذي أوصلهم إلى مرحلة اليأس هذه؟

من كسر قلوبهم؟

من دمَّر عقولهم؟

من حطَّم أحلامهم وجعلهم عاجزين عن فعل أيِّ شيء؟

ما الذي جعلهم يحاولون الهرب من الواقع عبر شرب كمياتٍ كبيرة من الكحول ليبقوا غائبين عن الوعي لأطول فترةٍ ممكنة، ويفضلون العيش فيما تبقى من أحلامهم المنكسرة على تقبل حقيقة هذا الواقع المرعب والمذل الذي وصلوا إليه؟

إنَّ العالم يشتعل من حولنا والحرب العالمية الثالثة تطرق الأبواب، وقد قال (هنري كيسنجر) وزير الخارجية الأمريكية السابق منذ مدة:

"إن كنت لا تسمع دق طبول الحرب فأنت أصمٍ"!.

إنَّ هذه الحرب ستكون من أكثر الحروب بشاعةً ودموية في تاريخ البشرية، وستستخدم فيها الأسلحة النووية والذرية والبيولوجية التي ستدمر كل ما تراه عيناك من حضارةٍ وتنشر الأوبئة التي لا علاج لها لقتل أكبر عددٍ من البشر.

الأرض تسمع اليوم ضحكات الناس الأخيرة؛ فقريبًا لن يسمع أحدٌ سوى أصوات النحيب والعويل، وإذا نظرنا إلى ما يجري اليوم على الساحة الدولية سنرى أنَّ الحرب الاقتصادية بين أمريكا والصين قد بدأت تتصاعد، وأنَّ روسيا قد بدأت بالتغلغل في الدول الأوروبية التي كانت تحتلها سابقًا أيام الاتحاد السوفيتي، ولأول مرة منذ نهاية الحرب العالمية الثانية ينقسم العالم إلى نصفين، نصف بقيادة الاتحاد الشيوعي المتمثل بروسيا والصين، ونصف آخر

بقيادة الاتحاد الغربي المتمثل بأمريكا وبريطانيا وإسرائيل، ومع أن إسرائيل مازالت دولةً صغيرة إلا أنَّ أحد أهم أسباب اندلاع هذه الحرب القادمة هو فرض إسرائيل سيطرتها على كامل الشرق الأوسط وإفريقيا، وفرض نفسها على العالم كأقوى دولةٍ اقتصادية وعسكرية وتكنولوجية، ونقل قيادة العالم من مركز الصهيونية الحالي في أمريكا إلى مركز الصهيونية الجديد في إسرائيل الكبرى التي ستمتد حدودها من إثيوبيا إلى إيران، فالصهيونية تبحث دومًا عن الأرض الغنية بالثروات لتقيم عليها إمبراطوريتها، تمامًا كالحشرة التي تزرع بويضاتها في أجساد الآخرين لتتغذى عليها. لكن مهلًا، لماذا أخبرك أنا بكل هذا؟

ربما لتتابع ما يجري من حولك، ولتبدأ البحث عن الهدف الحقيقي لوجودك في هذه الحياة، ولتفتح عينيك وترى من هو عدوك الحقيقي الذي يضمر لك الشر ويتلاعب بعقلك ويعطيك معلوماتٍ خاطئةٍ في الكتب المدرسية والصحف ووسائل الإعلام، ولتعلم أيضًا من يحاول تحذيرك لتنقذ نفسك قبل فوات الأوان.

إنَّ الإسلام ليس هو عدوك عزيزي القارئ، فالدين هو علاقة الإنسان مع ربه، وهو معتقدٌ يمكن أن يعتنقه ابنك أو ابنتك، أختك أو أخيك، أمك أو أبيك، زوجك أو زوجتك، وأنا متأكد أنك لن تقرر أن تقتل عائلتك إذا اعتنقوا دينًا ما، إنَّ الدين ليس عدوك ولا يمكن أن يكون عدوك، وإذا أصررت على جعله عدوك فأنت الخاسر حتمًا، فلا أحد يمكنه السيطرة على قلوب الآخرين ومنعهم من الإيمان بما يريدون، ومَن يحاول منعهم سيكون عندها غير عادل، كالديكتاتور الذي يفرض على الناس رؤيته الخاصة وهذا يعارض مبدأ الحرية الذي ينادي الجميع به.

إنَّ عدوك الحقيقي والذي يشكل خطرًا حقيقيًا عليك وعلى أولادك وعائلتك هو الجهل وتلك القنابل والأسلحة النووية والذرية والبيولوجية التي تصنع بالآلاف ويسيطر عليها أشخاصٌ مجانين

لا مبدأ لديهم ولا عهد، يجعلونك تعيش حياتك خائفًا من أن يقتلوك بها في أية لحظة، إنَّ عدوك الحقيقي هو ذاك الذي يستخدمك لتحقيق مأربه ويجعل منك ترسًا لحمايته، ويجعلك تحارب عدوه بالنيابة عنه وتخسر أحبابك بينما هو يعيش في أمان، نحن الشعوب جميعنا اليوم في مركبٍ واحد، إذا غرق هذا المركب فلن ينجو منا أحدٌ وسيحتفل قراصنة الشر بانتصارهم علينا.

إن عدوك الحقيقي هو الصهيونية التي دمرتك في الحروب العالمية السابقة وستدمرك في الحرب العالمية القادمة، هذا هو عدوك الحقيقي الملموس الذي إن لم تقضِ عليه أنت فسيقضي هو عليك. والذي إن لم تحمِ أحلامك منه فسوف يقتلها ويجعلك أنت جزءًا من أحلامه القاتلة.

وسط هذه الحروب المشتعلة من أجل اللاشيء، قد ينفجر الكوكب في أية لحظة ويموت البشر جميعهم، قويهم وضعيفهم، وتتحول أجسادهم إلى ذراتٍ حقيرة تتناثر في الفضاء ويرتاح الكون من الضجيج الذي طالما أحدثوه أثناء حياتهم.

أريدُ أن أتغيَّر

رويدًا رويدًا تموت المشاعر، تتبخر الأحلام و تصبح الحياة خاوية بلا معنى، نجد أنفسنا وحيدين تمامًا، تائهين، مطاردين. . تسألني ممن؟

من العيون التي ترمقنا بنظرات الاستحقار دون أن تعلمَ أي شيءٍ عن مأساتنا..

من الواقع الذي يحاول كل يوم إذلالنا، من أرواحنا التي ظلمناها حينما جعلناها أسيرةً لشهوات الجسد.

نسمع أصوات الشامتين وهم يرقصون فوق قبورنا فرحًا بنهايتنا لكننا لم نعد نبالي، كل ما نتمناه هو أن يسرع الموت إلينا ليحرر أرواحنا المتعبة ويعيد أجسادنا إلى التراب خالية من أية مشاعر، لم تعد لدينا رغبةٌ بالكلام أو البكاء، أصبحنا كأكياس القمامة المبعثرة في الطرقات، ها نحن هنا مرميين تحت أقدام البشر، في العالم السفلي حيث لا نرى سوى الأحذية تعبر أمام وجوهنا. لكن ماذا لو. .

ماذا لو امتدت يدٌ إلينا لانتشالنا من البؤس الذي نحن فيه؟

ماذا لو وقف أحدٌ أمامنا وقال لنا بصدقٍ أنه يهتم لأمرنا؟

الأقدار لها أسلوبها الذي لا يفهمه أحد، ولهذا من حقنا أن نسأل أنفسنا، أن نسأل الناس، أن نسأل الله.. لماذا؟

لماذا نحن مشردون بلا مأوى؟

لماذا ننام على الأرصفة المغطاة بالثلوج بينما ينام الآخرون في بيوتهم الدافئة؟

لماذا أصبح الواقع بكل هذه الوضاعة والبشاعة؟

تلك الأشياء التي كنَّا نكابر ونَدَّعي بأننا لا نكترث لها، اكتشفنا الآن أنها كانت تمثل مسار حياتنا؛ لذا من حقنا أن نسأل، لكن في الوقت ذاته علينا أن ندرك أنَّ معركة الحياة هذه التي أقحمنا فيها رغمًا عنا لن تتوقف باستسلامنا بل ستزيد من حصارنا ومعاناتنا، لذلك يجب أن نقاوم ونكمل حتى النهاية لأنه أمامنا سنوات سنعيشها شئنا أم أبينا، أمامنا امتحانٌ علينا أن تجتازه بنجاح.

العالم قد يشفق عليك مرة، لكن ليس كل مرة؛ فالناس في زماننا أصبحوا ينفرون من صوت الضحية بسبب عجزهم عن إنقاذها فيطلبون من القاتل أن يسرع في إتمام جريمته ليريح آذانهم وربما ضمائرهم.

كيف للمقيَّد أن يحرر غيره؟

كيف للذي لم يفهم النفس أن يعالجها؟!

أو كيف للذي لم يفهم الحياة أن يعيشها؟!

هناك من يظن أنه حي وهو ميت منذ خروجه من رحم أمه حتى دخوله في رحم الأرض.

إنَّ الحياة لا يستحقها إلا أولئك الذين يشعرون بها ويحاولون عيشها بكل جوارحهم، أولئك الذين يكتبون أو يُكتب عنهم، أما مَن يتواروا كظلالٍ أشباح لايراها ولا يهتم لها أحد فإنهم يعيشون حياتهم كعبيدٍ دون أن يدركوا معنى الحرية، وهمهم فقط هو أن يأكلوا ويشربوا ويتكاثروا كالبهائم، جماداتٌ تستخدم لتسهيل حياة الآخرين، سلالم تداس بالأقدام ليصعد عليها الصاعدون ويحقق البعض على أكتافهم أحلامهم التي رسموها، تلك الفئة المنعدمة الوجود من البشر لا تستحق أن تبعث فيها الروح أو تدب الحياة في أجسادها، حتى الشيطان الذي لم يستطع أن يغوي الإنسان ويجره إلى الجريمة فلا يستحق أن يُطلق عليه لقب شيطان، ويجب على بقية الشياطين أن يطردوه من عالمهم ويتبرأوا منه.

لذا لنعيش فعلينا أولًا أن نفهم من نحن، نحن لسنا هذه الأجساد العاجزة عن أي شيءٍ والتي تنتظر أن يعطف عليها الناس ويرمون لها فتات طعامهم؛ بل نحن الأرواح التي جاءت إلى هذا العالم محملةً بالعزيمة والإصرار لتختبر قدراتها ومهاراتها ومشاعرها الخالدة، ربما يكون أحدنا قد نسي تلك الحقيقة لذلك أذكِّره بها لينهض من جديد ويخبر العالم أجمع أنه مازال هنا، وأنَّ التحدي لم ينتهِ بعد، و لن يغادر هذا العالم إلا وهو منتصر.

أعلم أنَّ التجربة التي مررنا بها قد جعلت مشاعرنا باردةً وقلوبنا مجمدةً ودموعنا جفَّت منذ أمدٍ بعيد، لكن مع ذلك علينا أن نؤمن بشعلة الأمل التي مازالت بداخلنا لم تنطفئ، فلتجتمعوا حولي يا إخوتي ولنبكِ من جديد، فالبكاء سيطهر قلوبنا ويدفئ أرواحنا ويعطينا طاقةً عجيبة سنشعر بعدها أننا مستعدون لمواجهة العالم بكل قسوته وشروره، سيتلاشى الخوف من داخلنا وسنشعر بأنا لو أمرنا النجوم أن تسقط على الأرض لفعلت.

طالعوا أنفسكم في المرايا وقولوا لها:

"أيتها الروح انتفضي وقومي بثورةٍ على هذا الجسد البائس"

اصرخوا بأعلى أصواتكم:

"نحن هنا.. مازلنا هنا"..

في حياة كل إنسان هناك لحظةٌ فارقة تقلب كل الموازين

لا يهم إن كنت رجلًا أو امرأة

لا يهم عمرك أو شكلك

المهم هو تلك الروح التي بداخلك

المهم هو أهدافك، أحلامك، والخبرة التي اكتسبتها من تجربتك القاسية في هذا العالم الذي يملؤه المجون، والأهم من كل ذلك هو أنك تعلم تمامًا في داخلك أنك لست شخصًا عاديًا، تعلم أنك مميزٌ وأن بإمكانك فعل الكثير لجعل هذا العالم أفضل، انظر حولك جيدًا وستجد الكثير من الفرص بانتظارك..

فيديو صغير قد يجعلك غنيًا ومشهورًا، قصةٌ قصيرة عن حياتك قد تفتح لك أبوابًا كنت قد ظننتها لن تفتح أبدًا، فكرةٌ بسيطة، لوحة ترسمها، عملٌ صغير من الممكن أن تعيد لك مكانتك في المجتمع. كل ما تحتاجه فقط هو أن تنهض وتواجه نفسك وتقول بصدق وإصرار:

"أريد أن أتغير"

عندها ستجد أرواحًا مشتاقة لملاقاة روحك، وعيونًا متلهفة لرؤيتك، حان الوقت لتستعيد حياتك من جديد ولتحول كل الفشل الذي أنت فيه إلى نجاح..

حان الوقت لتثبت للجميع أنَّ شخصًا مثلك لا يُهزم بسهولة، بل لا يهزم أبدًا..

لماذا لم يقتلوك حتى الآن؟
لأنَّ الهدف ليس سرقة حياتك هذه، بل سرقة حياتك الأخرى.
الوعد كان
(لأغوينهم أجمعين)
وليس
(لأقتلنَّهم أجمعين)
هم الآن يحاصرونك من كل اتجاه، أنت ضعيف ولا تقوى على عمل شيء.. ثباتك على الحق هو السلاح الوحيد الذي تواجههم به؛ فهم يعرفون أنهم حتى ولو قتلوك فقد خسروا المعركة وانتصرت أنت. فالموت ليس هو المعيار للنصر أو الهزيمة؛ إنما على أي موقفٍ سيأتيك الموت.

شيَّبنا شيُّابُنا
سرقوا أعمارَنا لنزواتِهم.. لشَهواتِهم
حتى الكرامةَ لم يترُكوا مِنها شيئًا لنَا
شيَّبنا شيُّابُنا
وطعَنُونَا ألفَ طعنةٍ
بعدمَا خَدعُونا بقولِهم
"أنتم أحفادُنا"..

ذات يومٍ في برلين بينما كنا مجتمعين حول طاولةٍ مستديرة في إحدى الصالات التي يأتي إليها الناس ليتبادلوا الثقافات واللغات جلس بجانبنا رجلٌ في الستين من عمره، طويل القامة، ضخم الجثة، تغطي وجهه لحيةٌ بيضاء خفيفة تتناسب مع شخصيته، وبعد تعارفنا وخوضنا في عدة أحاديثَ مختلفة سألني عن معجزات نبينا محمد صلى الله عليه وسلم، وكنت أعرف تمامًا ما هو القصد من وراء هذا النوع من الأسئلة، ومَن هم الذين يسألونها، فأجبته بسؤالٍ أطرح فيه تعجبي من عدم إيمان اليهود والرومان بالمسيح عليه السلام رغم كل ما جاء به من معجزاتٍ خارقة، فاحمرَّ وجهه وجحظت عيناه وقال لي بكلماتٍ تنم عن بركان قد ثار داخل صدره

ـأأنت شيخٌ أو إمام؟!

فأجبته مبتسمًا:

ـلا، لا، أنا شابٌ من عامة الناس ولم أدرس الشريعة في حياتي.

شعرت من طريقة تحديقه بي وبالبقية أنه لم يصدقني لكنه بادر بعدها بالإجابة:

ـآه نعم، لقد آمن الكثير من اليهود بالمسيح

فقاطعته قائلًا:

ـلا ليس الكثير، وليس سؤالي عن عدد اليهود الذين آمنوا بل هو عن اليهود الذين لم يؤمنوا رغم كل تلك المعجزات؛ لكن دعك من ذلك وأخبرني مالذي كنت ستفعله لو كنت حيًا في زمن المسيح؟ هل كنت ستنقذه أم تشارك في صلبه وقتله؟ إن كنت ستنقذه فذلك يعني أنك غير مقتنع بأنه يجب أن يموت لأجلك، وإن كنت ستشارك في قتله فلماذا أنت حزينٌ لما حصل له؟

ارتبك الرجل بعد سماع أسئلتي والتزم الصمت برهةً ثم تجاهلني وعاد للحديث عن الإسلام، فعرفت أنه مفلس ولا علم لديه حول عقيدته وأنه لا يجرؤ على انتقاد اليهود ولو بكلمةٍ واحدة، لذا أنا بدوري تجاهلت سؤاله وأخبرته عن المشروع الذي أعمل عليه لمساعدة المشردين، عندها تظاهر بأنَّ أساريره قد انفرجت واصطنع ضحكةً مزيفة ثم راح ينهال عليَّ بكلمات المدح والإعجاب بالمجهود الذي أبذله في مساعدة الآخرين، واستدار لبقية من يشاركونا الجلسة وقال مادحًا و مشيرًا بيده إليَّ:

ـ هذا هو المسيح فهو يفعل كما كان يفعل المسيح!.

وفي الأسبوع التالي في ذات المكان حيث نجتمع دائمًا مرَّ من جانبي ورمقتي بنظرةٍ بطرف عينيه ثم سار مبتعدًا ولم يسلم عليَّ..

لم يسلم على المسيح!.

يستشهدونَ بالقرآنِ وهُم كافرونَ بهِ
ويأخذونَ من الآياتِ ماتَهوى عُقولُهُمُ
ويدسُّونَ الأحاديثَ ثُم يطعَنونَ بها
ليفتِنوا من الناسِ مَن في قلبهِ صَمَمُ
فإن جادلتَهُمْ بالحَقّ مالوا وما اعتَدلُوا
وإن جادَلتهُمْ بالسيفِ أحنوا رؤوسَهُمُ
وإن لم تُجادِلهم زادوا في وَقاحَتهم
وتولوا عند رؤياكَ وصَكُّوا وجوهَهُمُ

نحن نخسر الحرب لأننا نحب عدونا، بينما هو يحقد علينا حقد الشياطين. .

كيف نحبهم؟

اسأل نفسك. .

هل تحب أفلامهم السينيمائية ومسلسلاتهم؟

هل تحب موسيقاهم، موضتهم، حضارتهم؟

إن كنت كذلك فأنت تعشقهم وعشقهم مغروسٌ في قلبك.

وبالمقابل هم يكرهون أي شيءٍ متعلق بك ويربطونه بالإرهاب والتخلُّف، فهل مازلت تتساءل لماذا كل تلك الهزائم؟!

أختي الحبيبة. .

لقد مرَّت سبع سنوات على لقائنا الأخير، سبع سنواتٍ مضى كل يومٍ فيها وكأنه ألف عامٍ، مازلت أذكر كيف أجبروك على الزواج وأنتِ في الرابعة عشرة من عمرك وكيف أرسلوك إلى البلاد البعيدة حيث لا أحد ما الذي كان ينتظرك هناك، مازلت أذكر تلك اللحظة جيدًا يوم ضمَمتني إليك وعانقتِني بقوةٍ وكأنك كنت تعلمين أنه سيكون العناقَ الأخير، وأننا.... وأننا لن نرى بعضنا مرةً أخرى.

مازالت تلك الذكرى محفورةً في قلبي كجرحٍ نازفٍ لايندمل أبدًا....في الأمس، سمعتهم وهم يتحدثون عنكِ، وكم تألمت حينما علمت أنكِ مريضةٌ وأنَّ زوجك قد تخلى عنك وتركك وحيدةً في غربتك تلك، شعرت بالحزن يقهرني وبالعجز يكبّلني ويحولني إلى إنسانٍ مكسور حكم عليه أن يبقى سجينًا بين جدران الألم إلى الأبد، ووقفت أمام المرآة وحدقت في عينيَّ جيدًا وسألت نفسي..

"ماذا يمكن لشابٍ في السابعة عشرة من عمره أن يفعل أمام كل تلك الوحوش الضارية المتربصة به؟!"..

كل شيء حولي معتمٌ والقلم هو الصديق الوحيد الذي أطمئن له وأشكو إليه همومي، ولهذا فكرت أنه لا بد أن أخبر العالم أجمع عما فعلوه بحقنا يا أختي، واليوم لن أكتُبَ عني، اليوم سأكتُبُ عنكِ، وسأحدثُ جميع الناس عما تُخفيهِ عيناكِ، عن يأسٍ يقتلهما مُتخفٍ بابتسامتكِ، يصرخُ البؤبؤ الباكي:

"أغيثوني، أغيثوني

فإنَّ القوم يؤذوني

وإني عشتُ في ظُلمٍ
والحزن أدمى جُفوني
لما لا تسألوا عني؟
لما لا تزوروني؟
ألم تفتقدوا لصوتي؟
ألم تفتقدوا جنوني؟
أنا العذراءُ التي بعتوها بلا مالٍ
واستعبدني من اشتروني
تحت مسمى القدر..
أنا الطفلة التي كانت من ضحكتها
تغار الشمسُ ويحسدها القمر..
والنجومُ ترقبني والفراشات تلاعبني
والغيماتُ تحرسني
قبل أن تهب العاصفة القدرية الهوجاء
ويغدر بي المطر"..

سأخبر الجميع يا أختي كيف فرقونا، وكيف عذبونا وكيف دمروا حياتنا وأحرقوا مشاعرنا من أجل لا شيء سوى أنهم أرادوا التصرف كالآلهة، يكافئون من يريدون ويعذبون من يريدون، فكانت الجنة من نصيب أبنائهم ورمونا نحن في سراديب الجحيم. مازلت لا أفهم السبب الذي حملهم على قتلنا نحن الذين لم نطلب منهم أي شيءٍ سوى أن يتركونا نعيش مع بعضنا بسلام. الغرفة الصغيرة في قبو المنزل التي تكرموا عليَّ بها وأسكنوني فيها تستر مواجعي وبكائي، وعلى جدرانها علقت مرثياتي التي رثيتك بها، وبجانبها صورك التي أحتفظ بها منذ كنت صغيرًا.. أشعر بالضياع يجتاحني، أصبحت معلقًا بين اليقين واللايقين، بين المصير واللامصير، بين الحقيقة والشك في كل شيءٍ حدث وسيحدث، و الإسلام هو الوحيد الذي مازال يحميني من الانحدار

نحو الهاوية.. آه من هذا الإيمان الذي يعشعش في دماغي ويمنعني من الانتقام منهم وقتلهم جميعًا، لو كنت ملحدًا لا أؤمن بالحياة الآخرة لكنت انتقمت منهم دون تردد ولتلذذت بقتلهم كما تلذذوا هم بظلمنا وقهرنا، لكنني مجبرٌ على الصبر والانتظار ريثما يأتي الأمر الإلهي ويتبدل كل شيء، وحتى ذلك الحين لن أقف مكتوف اليدين تاركًا إياك تتعذبين وحيدةً في غربتك تلك، هأنذا لملمتُ أوراقي ووضبت حقيبتي لأسافر إليك ولنجتمع من جديد ونتحدى القدر، أتسلل خلسةً هربًا من دار الشياطين هذه فأسمع صوت أحدهم يقول أنَّ زوجك السابق قد اتصل به صباح اليوم وأخبره أنَّك مت!!.. .

انهارت أعصابي وجثوت في مكاني من هول الخبر، واستحال كل شيءٍ حولي إلى سواد، وهذا البكاء.. من أين يأتي؟ وأنهار الدموع.. من أين تنبع؟!

حتى عندما استجمعتُ قوتي وقررتُ التمرد وتحدي القدر.. فشلت.. ..

القدر يراقبنا كظلالنا ويعرف كم نحن ضعفاء في دواخلنا مهما ادعينا وأظهرنا له القوة.

سأعترف بهزيمتي، لكني لن أعود عن قراري بالسفر إليك حتى لو كنت تعيشين في العالم الآخر؛ فالسفر إلى هناك أسهل بكثير من السفر إلى بلدٍ آخر في هذه الأرض، وكل ما أحتاجه فقط هو قطع بعض الشرايين في معصمي وسينتهي كل شيء.. وأجتمع بك.

الدم النازف من يدي يذكرني بأيام طفولتنا البريئة حينما كنت ألعب وأقفز ثم وقعت فتمزق البنطال وجرحت ركبتي، رفعت رأسي فرأيتك تركضين نحوي مسرعةً مذعورة، خائفة من أن أكون آذيت نفسي، يومها جعلتني أتكئ عليك واصطحبتني إلى المنزل دون أن تخبري أحدًا بما حدث حتى لا أتعرض للعقوبة.

لقد كنتِ لي أمًّا عوضًا عن أمنا التي توفيت بعد ولادتي بأيامٍ قليلة. وبذلت جهدك أن تعتني بي وضحيت بطفولتك من أجلي، لقد كنت

عظيمة يا أختي، وعشت عيشة الأنبياء القاسية والمليئة بالابتلاء و الألم.

هاهو السواد ينقشع أخيرًا ويحل مكانه البياض، وملامح هذا العالم تبهت شيئًا فشيئًا وتختفي كالدخان، لكن أين أنتِ.. لماذا لا أراك تركضين نحوي كما كنت تفعلين دومًا؟

النزيف توقف والدماء اجتمعت مشكّلة بركة أمامي من لونٍ أحمر قاتم، الأبيض والأحمر وصوتٌ آخر يقول أنَّ خبر موتك غير صحيح وأنَّ زوجك السابق كان يكذب!.. ارتسمت ابتسامةٌ على شفتي تحمد الله أنك بخير، وروحي تقف ملقيةً النظرة الأخيرة على جسدي الممدد أمام الباب الذي طالما طردت منه..

الوداع يا أختي لن نلتقي في هذا العالم أبدًا.

عندما أمر الله نبيه إبراهيم أن يترك زوجته هاجر وطفلها إسماعيل في الصحراء لم يفهم النبي إبراهيم عليه السلام الحكمة من ذلك، لكن بعد آلاف السنين اتضح للناس أنَّ الله كان يهيئ الظروف لظهور آخر الأنبياء بعيدًا عن المناطق التي سيحكمها الفرس والروم فيما بعد؛ فوُلد النبي محمد صلى الله عليه وسلم وسط قبائل حرة لا تتبع أي حاكم.

مهمةٌ سرِّية

جاء رجلٌ من المريخ إلى رجلٍ من الأرض وطلب منه أن يصطحب ابنته في نزهة، فغضب الرجل الأرضي غضبًا شديدًا وقتل المريخي، فجاء المريخيون واحتلوا الأرض واتهموا كلَّ من يقاومهم بالإرهاب.. وتحت سطوة السلاح والبطش اضطُر غالبية سكان الأرض للاستسلام وأصبحوا جنودًا في جيوش المريخيين.. فقتل أهل الأرض بعضهم بينما المريخيون يراقبونهم ويضحكون.. ثم بعد أن انتهت الحرب وانتصر الجيش المريخي.. اقترب أحد الجنود المريخيين من أحد الأرضيين وطلب منه أن يعطيه ابنته لتبيت عنده بضعة أيام.. ففرح الأرضي بذلك وقال للمريخي مرحِّبًا به:

ـتفضل يا سيدي واقضِ ليلتك مع ابنتي في منزلنا!...

ثم سمعا صوت الفتاة من الداخل تقول معترضة:

ـلا، لا أريد؛ فأنا مثلية الجنس وأحب صديقتي وسنتزوج قريبًا!

لم يعترض المريخي على قولها بل ابتسم ساخرًا وتمنى لها حياةً سعيدة ثم غادر وهو يقول في نفسه..

"تمت المهمة بنجاح، سأغادر إلى كوكبٍ آخر"!.

عندما يتم إعطاب عقل الطفل وتعطيل نمو منطقه الطبيعي؛ يصبح قابلًا لتقبل الأفكار المتناقضة والخرافات والشذوذ، ويتحول في كِبره إلى فريسةٍ سهلة تتلقفها الإيديولوجيات المختلفة التي ستقوم بتخديره وسلبه إرادته وإضعاف شخصيته.. ليضاف بعد ذلك إلى قطيع من قطعانها التي تعتمد عليها في تحقيق أهدافها في السيطرة والتحكُّم ونشر الرذيلة؛ وغير ذلك..

أتَى كانونُ أماهُ
ومَازِلنَا بِغربتنَا
تلعنُنا عُروبتُنا
وعزٌّ ماحفظنَاهُ
وقهرٌ في حَناجرِنَا
ودمعُ عُيونِنا يَنزفْ
لوطنٍ قَد خَسِرنَاهُ
وطفلٌ في العَرى يبكِي
أنهكَهُ البردُ والجوعُ
ولامُجير لبَلواهُ
وأمٌّ قَلبُها يَشكُو
يرفعُ للهِ شَكواهُ
دمشقُ غدرت بغُوطتِها
وباعت للعدو دَمَها
مَن لم يمت بداخِلها
مات غريبًا بمنفَاهُ
أتى كانونُ يا أُمّي
وتحتَ ثلجِه يَرقُد
ماضٍ مانسِينَاهُ
عُذبنا وعُوقبنا
وظلمًا ظُهورُنا جُلِدَت
لذنبٍ ما ارتكبنَاهُ
وهُناك سَؤالٌ يراودني
أأخطأنا قبل أن نولدَ؟!

أرجوك أَجيبي أُماهُ
فأنا لم يبقَ لي أملٌ
والحزنُ بقلبي أرداهُ
ورحلتي في نهايتِها
وقاربي حطَّ مرساهُ
فإن مِتُ فلا تبكي
سيَنْتقمُ لنا اللهُ

بادزارو

الجنةُ الصغيرة

ثاني محطاتي في هذا البلد الرائع ألمانيا ..

و لأول مرةٍ منذ سبع سنوات ياصغيرتي أعثر على وطني.. أرضٌ وسماء.. عشبٌ وماء.. هذا هو وطني الذي أنتمي إليه.. و لأول مرة ياصغيرتي أدرك أنني لم أكن يومًا من البشر، بل طالما كنت غصنًا تائهًا بين البشر.

جلست على الأرض وغرزت كفي بين العشب الأخضر فانبعثت منه تلك الرائحة الأبدية التي لا تزول ولا تتبدل أينما كانت.. العشب في كل بلاد العالم له رائحةٌ واحدة.. الماءُ له صوتٌ واحد، والغيوم جميعها تتكلم لغةً واحدة.. لكن.. من يفهمها؟

وحدهم البشر من يتكلمون آلاف اللغات..

وحدهم البشر من انقسموا إلى آلاف الأديان والمعتقدات.. وحدهم البشر من قتلوا بعضهم بحجة البحث عن الحياة..

للغروب سحرٌ يجعلنا نحدّق به طويلًا دون ملل، نشعر بأنَّ الشمس تغرق في الظلام وتنطفئ فنسارع لإرسال همومنا وأحزاننا إليها لتأخذها بعيدًا عنّا، لكن مع الفجر تعود الهموم إلينا من جديد.

جميلةٌ هي السماء حينما تمتزج ألوانها، الأحمر، الأزرق، الأبيض،البنفسجي، ألوان لم أرها منذ أمدٍ بعيد، منذ أن احتلت طائرات الموت السماء ودنست طهارتها.

في طفولتي كنت أمشي دائمًا مرفوع الرأس أتأمل الغيوم وهي تسبح في الفضاء، و يتردد في عقلي السؤال:

"هل في السماء من يراقبنا؟"

كنت بريئًا ولا شيء لدي لأخفيه، كان سؤالًا فضوليا فقط، وكم أتعجب عندما كنت أرى أشخاصًا يمشون مطأطئي الرؤوس فأقول في نفسي..

"يالسذاجتهم، يلقون بأبصارهم إلى الأرض بدلًا من التمتع بجمال السماء!".

لكني بعدما كبرت وطحنت الدنيا عظامي عرفت السبب..

الكلمات تخنقني، أريد أن أعترض، أن أصرخ، أن أتكلم، لكن بأي لغة؟! العربية؟! الإنجليزية؟! الألمانية؟! كل لغات العالم لا تكفي لوصف الألم الذي ينهش قلبي، ولهذا أكتب.

الكلمات في عقلي تزعجني وتمنعني من النوم، أنهض في منتصف الليل لأخرجها من رأسي، فتنطلق الحروف السكارى من عميق جرحي تتمايل بؤسًا، وبسرعةٍ أقوم بسجنها بين طيات الورق، عندها أشعر بهدوءٍ يحتلني كهدوء هذه البحيرة الوحيدة البائسة، البحيرات أيضًا تتكلم وتنصت يا صغيرتي، ففي الأمس جلستُ لساعاتٍ طويلة أحدثها وتحدثني، أخبرتها عن كل شيءٍ، أخبرتها عن وحدتي، عن ألمي، عن حزني، وعنك.. ذكرتُ لها كل شيءٍ ماعدا (نسرين)، لم أستطع، فأبقيتها سري الدفين.. كم هو مؤلمٌ شعور الفقدان.. هم يرحلون ونظل نحن نعاني كل يومٍ من فراقهم.. مازلتُ أذكر ملامحها جيدًا، رقتها، أنوثتها، خجلها الشديد... حسرة في القلب تأتيني كلما تذكرتها.. كم قاسية هي الحياة حينما تعشق شخصًا بجنون ثم يفرق بينكما القدر..

كم قاسية هي الحياة حينما تسرق لحظاتٍ من النوم لتحلم أنك تطير متأرجحًا بين القمر والنجوم، ثم يأتيك الواقع بمُرِّه ليقول لك:

لا تحلم فأنتَ في زمن المستحيل

ولاتُطل السَهَر

تُرسلُ أحلامًا للقمر

فمهما فعلتَ ستبقى وحيدًا
ستبقى حزينًا.. نهايتك القبر..
حينها تشعرُ أنك سجين والموت هو البوابة الوحيدة للخروج، تنهمر الدموع من عينيك، لا بل من قلبك الذي يعتصره الألم.
لا أدري إن كنتِ تفهمين كلماتي يا صغيرتي، فأنا في كثيرٍ من الأحيان لا أفهم نفسي، حتى أنني حينما أنتهي من الكتابة وأقرأ ما كتبته أشك في أنني أنا الكاتب.
ربما مشكلتي هي أنَّ مشاعري تنجرف حينما يغطي الليل السماء ويعود الظلام الذي يخفيني ليحاصرني من كل اتجاه، أو ربما أنني أكره البقاء حبيسًا بين الجدران وتؤرقني الكوابيس فأنتظر شروق الشمس لأسارع إلى الخروج للحرية من جديد.
سبع سنواتٍ أمضيتها متنقلًا بين البلدان أبحث عن عالمٍ أعرف تماماً أنهُ غير موجود، لكني مع ذلك أغامر وأقطع البحار والجبال والوديان للبحث عنه، ربما لأنني أخاف أن أعيش بلا أملٍ حتى لو كان أملًا زائفًا.
علمني الترحال أن أنتبه إلى كل التفاصيل، عشت مع الفقراء، مع المرضى، ضحايا الحرب، المعتقلين، المشردين، العشاق المظلومين، جميعهم شاركتهم آلامهم وأحزانهم التي أدمت قلبي وأثقلت كاهلي وأفقدتني هويتي حتى أني لم أعد أعرف حقًا أين أمضي ولماذا؟
ممَ أهرب؟ من الموت!
لا، فالموت يأتي الإنسان أينما كان.
ممَ أركض مبتعدًا إذن كل تلك السنين التي خلت؟
ربما أهرب من الذلّ، من العار الذي يصيب الرجال حينما تنتهك حرماتهم أمام أعينهم وهم عاجزون عن فعل أي شيء.
مازلت متمسكًا بالحياة رغم أن براءة الطفولة أنتهكت وأحلام الشباب تبخرت وأمل المستقبل قد هاجر إلى البعيد البعيد.

العالم من حولنا يشتعل ويدمر نفسه، والغيوم الرمادية تنذر باقتراب الخطر.

الرعد يحاول أن يخبرنا بشيءٍ لكننا نصم آذاننا كي لا نسمعه، والسواد متجه نحونا حاملًا معه خفافيش الظلام.

الخوف يحاصرني مرةً أخرى، فهل سأطلق العصفور في صدري نحو بلاد الشمس كما فعل (فان جوخ)؟

لا، فأنا أجبن من أن أفعل ذلك، بل أنا أقوى من أن افعل ذلك.

الفرق بيني وبينه هو أني مؤمن بالمحكمة العادلة بعد الموت وأنَّ كل مظلومٍ لابد أن يقتص من ظالمه.

الفرق بيني وبينه هو أني رأيت عينيك البريئتين و لو رآهما لكان وجد الألوان التي أفنى حياته في البحث عنها..

إنه لم يحظَ بفرصةٍ لسماع صوتك ومحادثتك، ولو فعل، لوجد الإجابة عن جميع أسئلته

كان يجب أن يسافر ليبحث عنك كما فعلت أنا، لكنه اختار أن يسلم نفسه لليأس ليقتله.

كان يجب أن يؤمن بأنك موجودة، لكنه لم يفعل، البحيرة تلاطفني برذاذ مياهها وتحاول مواساتي، أخيرًا وجدت من يفهمني، استلقيت ووضعت خدي على التراب ورحت أحدق إليها بصمت، فأخذت تخبرني عن أسرارها المدفونة تحت رمالها منذ أمدٍ بعيد.. أخبرتني عن مجموعةٍ من القراصنة كانوا يأتون إليها قبل خمسمائةعامٍ، يخبئون الكنوز في الكهف الموجود بين صخورها، ثم ينطلقون لينهبوا سفنًا أخرى ويبحثوا عن كنوز جديدة.. لكنهم ذات يومٍ ولأسبابٍ مجهولة ذهبوا دون عودة، وبقيت الكنوز مدفونةٌ بين تلك الصخور..

أخبرتني عن قصة حبٍ عظيمة

حدثت منذ مائتي عامٍ

بين رجلٍ ألماني وامرأةٍ فرنسية

كانت (جوليانا) جميلة العينين
فرنسية الهوية..
عيونها تحكي قصة الإنسان
منذ آلاف السنين
قبل اختراع الأبجدية..
والغمازتان ترسم
كبرياء أنثى
في القصور المخملية..
قمر، تقول للنجوم أن أضيئي
فمهما أضَئتِ لن تراكِ
عينا حبيبي الشقية.

كانت في العشرين من عمرها، توفي والدها إثر مرضٍ خطير
أصاب فرنسا في ذلك الوقت فانتقلت هي ووالدتها للعيش مع
خالتها وزوج خالتها الألماني الذي كان يملك منزلًا كبيرًا قرب
بحيرة (بادزارو).. وكان في القرية المجاورة يعيش شابٌ مشاكسٌ
في الخامسة والعشرين من عمره يُدعى (أندريه).. لم يكن (أندريه)
ضخم الجثة ولكنه برشاقته وسرعة حركته كان يستطيع هزيمة
أي شخصٍ أمامه، كان شابًا وسيمًا، أشقر الشعر، أخضر العينين،
تتسابق الفتيات جميعهنَّ للفت انتباهه.

جمع القدر بينه وبين و(جوليانا) ونشأت بينهما قصة حب قوية.
كانا يلتقيان سرًّا كل ليلة ليتبادلا الرسائل الغرامية تحت الشجرة
الكبيرة على الضفة الشرقية للبحيرة.. كان حبهما عظيمًا جدًا..
لكن، ولأنَّ لا شيء جميل يكتمل، عادت الحروب كعادتها لتغتال
الحب وتفرق المحبين، وليفني العشاق حياتهم بالحزن والانتظار..
ذلك اليوم، ذهبت (جوليانا) إلى شجرة الحب المقدسة وانتظرت
حبيبها طويلًا، لكنه لم يأت..

في اليوم الثاني عادت وانتظرته طويلًا، ولم يأتِ.. وفي اليوم الثالث والرابع والخامس... ومضت سبع سنوات وهي تنتظره ولم يأتِ.. أصيبت بمرضٍ خطير بسبب الأوبئة التي خلفتها الحرب، شحب وجهها الجميل وانطفأ ذاك البريق في عينيها وألقيت طريحة الفراش تصارع الموت المحتم، وعندما شعرت بالموت يناديها أوصت أن تُدفن بجانب تلك الشجرة لتحافظ على وعدها لحبيبها بأنها ستنتظره للأبد.. وهكذا غطى التراب عينيها الجميلتين اللتين لطالما بكيتا لفراق الحبيب.

بعد عامٍ كامل عاد شابٌ رثُّ الثياب، مغبر الوجه، مقطوع اليد، يسأل عن (جوليانا)، وانفطر قلبه حزنًا عندما أخبروه كم انتظرته قبل وفاتها وكم تألمت لغيابه، ذهب إلى قبرها وظل يبكي ويناديها..

ـ هاأنا عدت من الحرب يا حبيبتي، (جوليانا) هذا أنا (أندريه).. هل تسمعينني؟ انهضي وتعالي إلى صدري، ها أنا أمامك هنا.. لقد صارعتُ الموتَ مراتٍ ومراتٍ من أجل أن أفي بوعدي لك ياحبيبتي، (جوليانا) ها أنا قد عدت، جولياناااا... جولياناااااا

ظل يبكي شهرًا كاملًا وينادي على محبوبته إلى أن مات حزنًا عليها.. وانتشرت قصة حبهما ووفائهما في القرية كلها وأصبحت تلك البحيرة منذ ذلك اليوم تسمى بحيرة العشاقِ، و ماتزال حروف اسميهما المحفورة على تلك الشجرة شاهدةً على قصة حبهما العظيمة.

لقد أخبرتني البحيرة قصصًا رهيبة و عجيبة لم أكن لأتصور أنني سأسمعها يومًا.

حتى البحيرة كانت تشعر بالوحدة يا صغيرتي، الجميع يأتون إليها ليسبحوا بمائها، ويستلقوا على ضفافها، ويتمتعوا بجمالها، ويحفروا أسماءهم على أشجارها، ولم يكلمها أحد يومًا ليسألها عن حالها.

منذ ألف ألف عامٍ وهي تشارك الناس ضحكاتهم و بكاءهم، حزنهم وسعادتهم، تشهد قصص العشاق وقصص الفراق، تفرح لهذا وتحزن لذاك.
منذ ألف ألف عامٍ وهي تبحث عني في كل وجوه الزائرين لتكلمني.. شعرت بالطبيعة كلها تلتف حولي فرحةً بعودتي إليها؛ عندها تذكرت كيف كانت الأشجار تحاصرني لتحميني من أعين القناص المتربص بي وأنا أركض محاولًا الخروج من جحيم الحرب نحو الأراضي التركية، و كيف كان البحر هادئًا جدًا عندما حملني إلى اليونان، ويوم سطعت الشمس في منتصف الشتاء لتدفئتي عندما كنت أسير وحيدًا بين الجبال السويسرية الباردة، وعرفت لماذا كنت أطيل النظر إلى عينيك الجميلتين.. فأنتِ أيضًا جزءٌ من الطبيعة يا صغيرتي، أنتِ أيضًا غصنٌ تائهٌ بين البشر مثلي.
إننا لسنا الأغصان الوحيدة في هذا العالم، بل هناك آلاف الأغصان التي تشبهنا؛ منها من أصبح يابسًا فأحرقوه، ومنها من تكسَّر وأصبح عاجزًا عن الحركة، ومنها من يقاوم بكل قوته ليبقى غصنًا أخضر مزهرًا دائمًا.
كل صباح أقف أمام نافذتي أحدِّق بالمارة واسأل نفسي..
''هل يعلم الجميع الحقيقة؟''
فحتى الآن لم يقتنع البشر أنَّ في الحياة غذاءً يكفي الجميع وبالمجان، وماءً يكفي الجميع وبالمجان وشمسًا وهواءً وطاقة وكل مايلزم للحياة متوفرٌ وبالمجان، لم يصنع الإنسان أيًا من ذلك. بل إنها من خيرات الله التي أفاضها علينا لننعم بحياةٍ رغيدة لكن الطمع سيطر على البعض فاستأثروا بها لأنفسهم ومنعوها عن الناس وجعلوا يبيعونهم إياها مقابل أعمارهم.
فمن ذا الذي يملك الشمس ليبيعها؟ من ذا الذي يملك الأنهار ليبيعها؟
من شكَّل النفط تحت الأرض ليبيعه؟

من خلق تلك الأراضي الشاسعة الخالية من أي أحدٍ لتمنع الحكومات الناس من البناء والسكن فيها؟

مَن ومَن ومَن.. أسئلة لا تنتهي في زمن العبثية اللانسانية الذي نعيشه.

لكن مع كل ذلك تعود زهور الأمل لتتفتح كل ربيعٍ لعلها تستطيع إعادة الأمور إلى نصابها الصحيح.

إن الربيع نعمةٌ لولاها لأصابنا اليأس وتجمدت قلوبنا ولما عرفنا كيف تورق الأشجار من جديد وتتفتح براعمها بعد موتها.

حان الوقت لأهدأ وأبدأ حياتي من جديد

حان الوقت لأفتح أبواب قلبي للحبِّ من جديد

حان الوقت لأعيد ترتيب حياتي قبل فوات الأوان، ولأصلي لله شكرًا مرةً أخرى بعد سبع سنواتٍ من الضياع في متاهات الحزن والألم.

نعم، حان الوقت، ألا تعتقدين ذلك أيضًا يا صغيرتي؟

مازلتُ مؤمنًا أننا في زمن المعجزة.. فما تعرَّض عباد الله لهكذا ابتلاءٍ إلا وجاءتهم معجزةٌ من عند الله تنصرهم على من ظلمهم..

ضيف هاتف الدار على موبايلك مباشرة   لزيارة موقع الدار

لزيارة صفحة الدار

للتواصل مع الدار واتس آب   لزيارة صفحة الدار

مجلة الدار لإصداراتها الورقية